사랑해서.
더. 상처받는.
남자와.
여자들.

OTOKO WA NAZE KYUNI ONNA NI HURARERU NO KA?

Copyright ⓒ Himeno Tomomi 2007

Edited by KADOKAWA SHOTEN

First published in Japan in 2007 by KADOKAWA CORPORATION, Tokyo.

Korean translation rights arranged

with KADOKAWA CORPORATION, Tokyo.

through Shinwon Agency Co.

그녀와 그는
왜 심리 치료 상담실을
찾았을까?

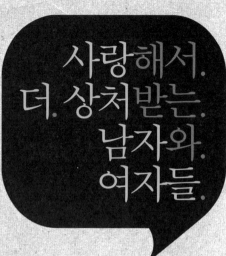

사랑해서.
더. 상처받는.
남자와.
여자들.

히메노 토모미 지음 | 구현숙 옮김

이아소

사랑해서 더 상처받는 남자와 여자들

초판 1쇄 발행 2015년 3월 30일

지은이 히메노 토모미
옮긴이 구현숙
펴낸이 명혜정
펴낸곳 도서출판 이아소

등록번호 제311-2004-00014호
등록일자 2004년 4월 22일
주소 121-841 서울시 마포구 월드컵북로5나길 18 1012호
전화 (02)337-0446 **팩스** (02)337-0402

책값은 뒤표지에 있습니다.
ISBN 978-89-92131-94-0 03330
CIP제어번호: CIP2015007649

도서출판 이아소는 독자 여러분의 의견을 소중하게 생각합니다.
E-mail: iasobook@gmail.com

. . . .

감기라고? 그럼 내 저녁밥은?

여자라는 생물은 남자가 미처 깨닫지 못하는 불만이나 분노를 안에 쌓아놓는 일이 많다. 남자는 자신의 행동이나 말에 아무런 문제가 없는 것 같은데, 여자가 마구 화를 내거나 분통을 터뜨릴 때마다 당황스럽기만 하다.

어느 주부가 내게 이런 하소연을 했다.

"선생님, 제 말 좀 들어보세요. 요전에 감기에 걸려서 열이 나기에 남편에게 '여보, 나 몸 상태가 안 좋은 것 같아'라고 했더니 남편이 대뜸 한다는 소리가 '그럼 내 저녁밥은 어떡하지?'라는 거예요. 정말 제 귀를 의심했다니까요. 믿어지세요? 그이는 아내 건강보다 자기 저녁밥이 더 중요한 사람이에요."

나는 이 주부의 말에 이렇게 대답했다.

"정말이지 그 기분 잘 알아요. 하지만 남편 분이 아내의 건강을 걱정하지 않는 것은 아니에요. 단순히 당신이 아프다니까 늘 해오던 저녁식사는 어떻게 해결하면 좋을지 물어본 것뿐이에요. 다른 뜻은 없을 겁니다. 남자의 뇌는 그런 식으로 상황을 인식하도록 되어 있거든요."

한마디로 남자가 보면 전혀 문제가 없는 상황이다.

남자의 뇌는 문제가 발생하면 일정을 어떻게 변경하여 해결할지 고민하기 시작한다. "저녁밥은 어떡하지?"라는 물음도 저녁식사라는 문제를 어떻게 해결하는 것이 좋을지 확인한 것에 지나지 않는다. 그래서 저녁밥은 어떻게 하냐고 물었을 뿐인데 "당신은 내가 어떻게 되든 상관없다는 거야?"라는 아내의 날 선 비난이 어리둥절하기만 하다. 아마 남자들 대부분이 '왜 내가 이런 일로 잔소리를 들어야 하지?' 하고 덤터기를 쓴 것처럼 억울한 기분이 들 것이다.

그러나 같은 상황에서 여자는 전혀 다른 반응을 보인다.

예를 들어 이 주부에게 딸이 있다면 어땠을까? 몸이 좋지 않다는 말이 떨어지기 무섭게 "엄마, 괜찮아? 열은 없어? 두통은? 그럼 오늘 저녁은 어떻게 하지? 내가 뭐라도 사올까? 뭐 드시고 싶은 거 없어요? 과일은 어때요? 아니면 오늘 저녁은 배달시켜 먹을까?"라며 엄마의 건강부터 걱정할 것이다. 내게 하소연했던 주부는 바로 이런 반응을 바랐을 것이다.

여자의 뇌는 타인과의 공감을 중요하게 생각한다. 문제가 발생하면 무엇보다 상대가 처한 입장을 생각하고 동정하면서 그 사람을 위해 할 수 있는 일이 없을까 고민한다. 설령 진심은 그렇지 않더라도 공감하고 위로하는 능력이 뛰어나다. 서로 힘을 주고 위하는 것에 너무 치중한 나머지 가끔 문제의 본질이 뒷전이 되는 경우도 있지만 개의치 않는다. 사실 문제 해결책보다 다른 사람이 자신의 감정에 공감해주는 것을 훨씬 중요하게 생각하기 때문이다.

그래서 여자와 남자는 충돌한다.

문제 상황에서 남자의 뇌는 '해결하는 뇌'이고, 여자의 뇌는 '공감하는 뇌'다.

해결하는 뇌를 가진 남자는 아내의 몸 상태가 좋지 않다는 말에 자연스럽게 '저녁밥은 어떻게 해결하지?'라는 당면 과제부터 떠올리게 된다. 반면 공감하는 뇌를 가진 여자는 자신은 감기로 힘든데 누구보다 걱정을 해주어야 할 남편이 무정하게도 저녁 끼니를 궁금해하니 화가 날 수밖에 없다. '이 사람은 내가 아프건 말건 관심이 없구나'하고 서운한 마음을 품게 된다.

남자 입장에서는 '뭐, 그 정도 가지고……'라며 가볍게 생각할 것이다. 악의가 있었던 것도 아니고, 비난받을 만큼 큰 잘못을 저지른 것도 아니기 때문이다. 하지만 남자가 이와 비슷한 잘못(남자에게는 억울한)을 계속 저지를 경우 여자는 불만과 분노를 쌓아가게 된다. 그리고 무시무시하게도 남자가 전혀 눈치채지 못하는 사이에 여자는 불평불만을 폭탄처럼 가슴에 키운다.

그 폭탄에 불이 당겨지면 정말 큰일이다.

폭발하면 끝이다. 상황이 이 정도에 이르게 되면 어찌해볼 도리가 없다. 아마 '파국'이나 '이혼'이라는 폭풍이 세차게 불어 닥칠 것이다. 연인 사이라면 어느 날 갑자기 이별 통보를 받게 된다.

이 책에서는 이런 시한폭탄의 스위치를 끄고 평화를 되찾는 데 도움이 될 만한 처방전을 소개하려 한다.

상담실에서 180도 다른 남과 여

남자와 여자의 차이를 굳이 '문제'로 간주하는 데는 이유가 있다.

나는 심료내과 전문의다. 심료내과는 알기 쉽게 말해서 환자의 몸과 마음의 부조화에 대한 고민을 듣고 그 원인을 찾아 치료하는 분야다. 당연히 치료 과정에서 상담이 큰 비중을 차지한다. 그런데 상담을 하다 보면 남자 환자와 여자 환자의 입장이 너무 달라 놀라게 된다. 남자와 여자는 감정과 언어의 표현 방식이나 수용 방식이 달라도 너무 다른 것이다.

먼저 여자의 경우를 보자. 여자 환자는 머릿속에 떠오르는 대로 막힘없이 이야기한다. 자신이 얼마나 힘든 시기를 보내고 있으며, 지금까지 얼마나 열심히 살아왔는지를 말하기도 하고, 남편(또는 애인)에 대한 험담과 푸념을 늘어놓기도 한다. 집안의 속사정을 말하는 데도 거리낌이 없다. 의사가 순서를 정해 대화를 이끌지 않으면 이야기가 점점 엉뚱한 방향으로 흘러가게 된다.

"그건 왜 그럴까요?", "그 원인은 뭐라고 생각하세요?" 하고 대화를 정리하면서 방향을 잡지 않으면 다람쥐 쳇바퀴 돌듯 대화에 진전이 없어서 결국 해결책이 미궁에 빠진다.

그런데 신기하게도 여자는 이렇다 할 결론이 없이 대화가 끝나도 신경 쓰지 않는다. 앞에서도 언급했듯이 여자의 뇌는 누군가 자신의 감정에 공감해주는 것을 최고의 기쁨으로 여긴다. 설령 문제를 해결하지 못한다 해도 하고 싶은 이야기를 마음껏 하고, 상대가 그것을 들어주면 매우 후련해한다.

참고로 상담할 때는 수용, 공감, 지지, 보증, 설득이라는 다섯 가지 기술을 이용하여 상대의 말을 경청하는 것이 기본이다. 환자의 고민을 수용하고, 공감하며, 그 사람의 입장을 지지하는 한편, 상황이 개선될 거라고 보증하고, 치료를 위해 노력하자고 설득하는 것이다. 이중에서도 여자에게 가장 중요한 것은 수용과 공감이다. 여자는 대화를 하면서 상대가 자신의 고민에 '귀 기울여 들어준다', '공감해준다'고 느끼면 심정을 털어놓는 것만으로도 치료 효과가 높아지는 경우가 많다.

남자가 넘어야 할 산, 납득

그런데 남자는 그렇지 않다.

남자 환자는 증상에 대해서만 말할 뿐 신변에 대해서는 솔직하게 털어놓지 않는다. 의사가 스트레스의 원인으로 짐작되는 회사 업무나 가정 문제에 대해 물어도 대답을 피하기만 한다. 대답을 해도 짤막하게 사실관계를 말할 뿐 감정적인 부분을 토로하지 않기 때문에 좀처럼 문제의 핵심에 접근하기 어렵다.

남자는 감정 표현이 서툴다. 그 이유 중 하나는 제1장에서 설명하겠지만 태어날 때부터 뇌 구조가 그렇게 되어 있기 때문이다. 또 다른 이유는 감정을 말로 표현하는 것을 자신의 약점을 드러내는 것으로 여기기 때문이다. 전투적인 성향을 지닌 수컷에게 약점의 노출은 생존을 위태롭게 하는 행위다.

그래서 남자 환자를 대할 때는 의사 역시 신중해야 한다. 어떤 나약한 소리를 해도 그것은 당신에 대한 사회적 평가와 아무런 관계가 없으며, 당신의 질환과 인격은 전혀 무관하다는 점을 먼저 이해시켜야 한다.

최근에는 인식이 많이 개선되어 "지금 이야기하는 내용과 제 병이 무슨 관계가 있나요?" 하고 묻는 경우가 적어졌지만, 그럼에도 여전히 아내 혹은 어머니와 함께 진찰실을 찾아와 자신의 일상에 대해 말하기를 꺼리는 남자가 많다.

때문에 상담이 문제 해결에 도움이 된다는 사실을 이해시키는 데 꽤 긴 시간을 할애해야 한다.

그러나 남자 환자는 일단 납득을 하면 이해가 빠르다. 상담을 통해 문제가 조금씩 해결될 수 있다는 것을 이론적으로 이해하면 적극적으로 말하기 시작하고 문제의 원인이 무엇인지를 고민한다. 앞에서 언급했듯이 남자의 뇌는 문제를 해결하는 데 집중하도록 되어 있다. 그래서 상담의 수용, 공감, 지지, 보증, 설득이라는 과정 중에서 특히 보증과 설득이 중요하다. 남자 환자에게는 상담을 계속하면 문제를 해결할 수 있다고 보증해주고, 그러기 위해서는 이런 치료가 필요하다고 설득하는 것이 관건이다.

여기까지가 어렵지 그 이후에는 남자 뇌는 알아서 문제를 해결하기 위해 움직이기 시작한다. 실제로 상담이 이 단계까지 진행되면 나머지는 스스로 원인을 찾고 적극적으로 문제를 해결하는 환자가 적지 않다. 해결 방법만 찾아내면 그 뒤에는 치료를 할 필요가 없을 정도다.

'차이'를 인정해야 '이해'할 수 있다

이처럼 환자를 좋은 방향으로 이끄는 것이 나의 직업이다. 환자의 푸념을 들어야 하는 경우도 많고 눈물 나는 이야기를 들을 때도 있다. 배우자나 연인과의 갈등에 얽힌 이야기도 많다.

　그런데 환자들이 스트레스를 호소하는 내용을 자세히 들어보면, 남녀의 매우 사소한 오해에서 비롯된 경우가 대부분이다. 앞에서 말한 주부도 그런 경우다. 남자와 여자가 서로 다르다는 사실을 조금만 이해하면 별다른 분란 없이 끝날 일인데 '차이'를 인정하려는 노력을 게을리 한 탓에 공연히 스트레스만 키우게 된다.

　남녀 차이로 인한 갈등과 충돌에서 빚어지는 스트레스를 조금이라도 줄여보자는 것이 이 책을 쓰게 된 동기다. 남자와 여자는 뇌가 다르고, 호르몬이 다르고, 신체가 다르고, 역할이 다르다. 같은 인간이 맞나 싶을 정도로 다르다. 남자와 여자가 그 거리를 좁히기 위해서는 먼저 다른 점을 인정해야 한다는 사실을 알아두기 바란다.

　참고로 이 책의 자매편이라 할 수 있는 《여자는 왜 갑자기 화를 낼까》는 많은 분의 성원 덕분에 판매 부수가 10만 부를 돌파하였으며 큰 반향을 불러일으켰다. "오랜 시간 동안 품었던 여자에 대한 의문이 얼음 녹듯이 풀렸다"고 말하는 분도 있었다. 며칠 전에 이 주제로 열린 강연회에 참석한 변호사 한 분이 이런 말을 해주셨다. "변호사가 꼭 읽어야 하는 책입니다. 변호사가 하는 일도 알고 보면 남녀 사이에 발생하는 문제를 해결하는 것이니까요. 남자와 여자의 차이에 대해 알아두는 것은 매우 중요합니다."

더 놀랐던 점은 남성 독자를 염두에 두고 쓴 책인데 의외로 여성들이 많이 읽었다는 사실이다.

여성이 먼저 책을 구입해서 읽고 "여자는 이런 존재야. 그러니까 이 책을 보고 공부 좀 해"라며 배우자나 남자 친구에게 권하는 경우도 있었다. 어떤 여성은 자주 다투는 부모님에게 책을 선물했는데, 그 뒤로 두 분의 사이가 좋아졌다며 기뻐했다.

저자로서 그저 감사할 따름이다.

이번 책 역시 남자와 여자가 서로를 더 잘 이해하는 데 도움이 되기를 기대한다.

더불어 이 책에서 남자와 여자의 생물학적 차이를 말하는 것이 남자와 여자 중 어느 쪽이 우수하고 어느 쪽이 열등한지 판가름하려는 것이 아님을 말씀드린다. 하물며 여성의 사회 진출과 지위 향상을 막으려는 의도는 추호도 없다. 이 책을 쓴 동기도 전작《여자는 왜 갑자기 화를 낼까》와 다르지 않다. 그리고 이 책에서는 전작에서 다룬 주제와 과학적 원리에 대해서는 중복을 피하고자 자세히 설명하지 않으려 한다. 미처 이전 책을 읽지 못한 분은 두 책을 같이 읽으면 좋을 것이다.

현재 일본에서는 결혼한 부부 세 쌍 중 한 쌍 이상이 이혼한다고 한다.

젊은 부부만이 아니라 중년 부부와 노년 부부가 이혼하는 경우도 많아서 어느새 황혼이혼이라는 말이 더는 낯설지 않게 되었다. 이혼은 하지 않았지만 언제 파국을 맞을지 모를 위기감을 안고 살아가는 부부도 많다. 어쩌면 이혼이라는 시한폭탄이 재깍재깍 움직이기 시작한 사람도 있을 것이다.

그런 분들이 이 책을 읽고 갈등의 원인에 대해 관심을 가졌으면 좋겠다. 그리고 두 사람의 관계를 돌아보는 계기가 된다면 더할 나위 없이 기쁘겠다.

차례

남자의 바람에 집착하는 여자의 메커니즘

여자는 왜? 남자는 왜?

chapter 4 남자와 여자는 왜 자꾸만 어긋날까?

chapter 1

여자는
역시
무서워!?

뼈아픈 후회를 하기 전에
남자가 알아야 할 것

여자는 왜!
갑자기 헤어지자는 말을 할까

남자는 짐작조차 하지 못했던 이별의 이유

"우린 이제 끝났어. 차라리 헤어지자."

어느 날 당신의 아내나 여자 친구가 심각한 얼굴로 이렇게 말했
다면 어떨까?

순간 그녀의 말이 잘 이해가 되지 않는다. 지금까지 아무 문제 없
이 잘 지내고 있다고 생각했는데 뜬금없이 헤어지자니? 설마 농담
인가? 하지만 그렇다고 하기엔 표정이 너무도 진지하다. 당신은 어
떻게 대답해야 할지 몰라 공황 상태가 된다.

"그런 심한 농담은 하지 마. 헤어지자니 갑자기 그게 무슨 소리

야."

가볍게 응수해보지만 그녀의 표정은 여전히 굳어 있다. 어떻게든 눈치를 살피며 비위를 맞춰보려 애쓰지만 비집고 들어갈 틈조차 보이지 않는다.

"농담 아냐. 난 진심이야. 이미 한계라 더 이상 못 참겠어."

"참는다니……. 내가 잘못한 게 있어?"

아마 당신은 필사적으로 그녀에게 상처가 되었던 원인을 찾기 시작할 것이다. 사소한 일로 불평을 하는 것이야 늘 있는 일이고, 어느 커플이나 가끔은 다투기도 한다. 아무리 머릿속을 헤집어도 이별 통보를 받을 만큼 심각한 잘못을 한 적이 없는 것 같다.

"도대체 뭐가 불만이야?"

"그걸 몰라서 묻는 거야? 나는 당신의 그런 점이 싫어. 몇 번을 말해도 당신은 내 마음을 몰라. 내가 무슨 말을 해도 소용이 없다고. 그러니까 헤어지자는 거야."

여전히 오리무중, 마치 외계인의 말을 듣는 사람처럼 멀뚱멀뚱 쳐다보는 남자. 여자가 이별을 통보하는 이유가 뭔지 도무지 짐작되지 않는다.

"난 당신이 도통 무슨 말을 하는지 잘 모르겠어. 갑자기 헤어지자니……. 왜 그러는지 이유를 말해봐, 이유를."

"난 당신이 이래서 싫다니까."

"……"

돌림노래처럼 같은 말만 되풀이될 뿐 끝이 나지 않는다. 남자는 영문도 모르니 답답한 마음에 혈압만 오른다.

알고 보면 이런 식으로 헤어지는 커플이 적지 않다.

남편은 부부 사이에 아무 문제가 없다고 믿었는데 어느 날 갑자기 이혼 서류가 날아온다. 황혼이혼의 경우도 지금까지 남편에게 순종하던 아내가 마치 손바닥 뒤집듯이 헤어지자는 말을 꺼내는 일이 비일비재하다.

남자 입장에서는 마른하늘에 날벼락이 아닐 수 없다. 여자가 이런 결심을 했으리라고는 상상조차 못했으며, 무엇이 불만이어서 헤어지자는 것인지 이유를 알 수 없으니 답답한 노릇이다. 갑작스럽게 당한 일에 황당한 나머지 대꾸할 말조차 떠오르지 않는다.

여자는 양동이, 남자는 소쿠리

남자와 여자가 이렇게 감정적으로 충돌하는 이유는 무엇일까.

먼저 남자의 뇌와 여자의 뇌가 다르다는 점에서 그 원인을 찾을 수 있다.

남자와 여자는 감정을 처리하는 방식이 다르다.

남녀 커플 사이에 감정적 갈등이 불거졌을 때 남자는 일단 문제를 모면하려는 반면, 여자는 그 문제를 불쾌한 기억으로 마음에 쌓아두는 경향이 있다. 남자는 그렇게 난처한 상황을 모면한 뒤에는 갈등의 원인이 무엇이었는지도 금방 잊어버린다.

그러나 여자는 결코 잊어버리는 일이 없다.

구체적인 몇 가지 예를 들어보면 당신 역시 짚이는 바가 있을 것이다. 아내나 여자 친구가 자주 했던 말을 떠올려보기 바란다.

무언가 사달라고 했던 말.

이따금 같이 영화라도 보러 가자던 말.

이번 휴일에 함께 있어줬으면 좋겠다는 말.

누군가와 다퉜는데 얘기 좀 들어달라는 말.

아이 일로 상의하고 싶다는 말.

그럴 때마다 당신은 어떻게 했는가. 십중팔구 "알았어, 알았다고. 근데 지금은 좀 바쁘니까 다음에 다시 이야기하자구"라면서 어물쩍 넘어가곤 했을 것이다.

그래서는 안 된다.

이렇게 건성으로 대답하는 일이 반복되는 사이 여자의 불만은 점점 쌓여간다. 남자가 평소 하던 대로 대충 넘어가려 하면 '이 사람은 전혀 반성하고 있지 않구나', '이 사람은 내가 무슨 말을 해도 이해하지 못해'라고 낙담하게 된다.

그리고 여자의 불만은 시간이 흐를수록 차츰차츰 두터워지고, 확고해진다.

여자 안에는 그런 불만과 불평의 감정을 담아놓는 '양동이'가 있다. 남자가 임시방편으로 여자의 욕구 불만을 피해보려는 사이 양동이의 눈금은 1밀리미터, 또 1밀리미터 이렇게 점점 올라간다. 결국 따로 배출구가 없으면 불만은 감당하지 못할 정도로 양동이를 꽉 채워 언제 터질지 모르는 둑처럼 아슬아슬한 상황에 직면하게 된다.

감정을 담아놓는 그릇이 여자에게 양동이라면, 남자에게는 성긴 소쿠리다. 남자는 원래 타인의 기분을 감지하는 능력이 여자보다 떨어진다. 여자가 불평불만의 신호를 보내도 '이 정도는 괜찮겠지'라며 무심하게 흘려버린다. 남자는 평소와 같은 생활을 여느 때처럼 유지할 수 있으면 특별한 문제를 감지하지 못한다. 그래서 여자가 부탁하는 귀찮은 일들을 뒤로 미루거나 대충 흘려듣는다. 즉 소쿠리처럼 크고 작은 감정을 담지 못하고 마냥 흘려보내는 것이다.

안일하게 귀찮다는 이유로 이런 상황을 계속 반복하다 보면 언젠가는 양동이에 모인 불평불만이 엄청난 양으로 불어난다. 머지않아 불평불만은 양동이 밖으로 흘러넘치게 되고 급기야 뒤집힌다.

그날이 바로 여자가 헤어지자고 폭탄 선언을 하는 순간이다.

남자는 상황이 이렇게까지 심각해지리라고는 전혀 낌새도 못 채고 있다가 돌연 헤어지자는 말을 들으니 정신이 아찔해져서 당황하지만 여자에게는 결코 갑작스러운 결정이 아니다. 오랜 시간 품고 있던 불평불만이 쌓일 대로 쌓여서 마침내 결심에 이르게 된 당연한 결과다.

이렇게 양동이의 물이 넘쳐 뒤집어졌을 때 남자는 놀라서 허둥거리며 이번에도 위기의 순간을 대충 넘겨보려 한다. 번번이 시시한 이유를 둘러대고 억지를 쓰면서 거칠게 해결하려 든다.

여자는 다 알면서도 어쩔 수 없이 일단 화해를 받아들인다. 그러면 남자는 얼씨구나 하고 문제가 해결된 줄 알고 안심한다.

하지만 이런 전개에 마음을 놓아서는 안 된다. 양동이가 넘어졌다고 해서 그 안이 텅 비었다고 착각해서는 안 된다. 양동이 아래에는 커다란 대야가 준비되어 있다. 흘러넘친 물은 아래 대야에 다시 차곡차곡 모인다. 그리고 대야가 넘쳐서 뒤집어지면 그 아래에는 더 큰 대야가 있다.

여자의 감정은 폭포와 같이 아래로 아래로 흘러서 결국 깊고 깊은 바다가 된다(여자는 '바다'다).

남자들은 이것만 잘 기억하자. 여자의 감정 기억에는 절대 시효가 없다.

남자와 여자는 감정을 처리하는 뇌가 다르다

불만을 안에 쌓아놓는 여자 뇌. 그 자리만 벗어나면 잊어버리는 남자 뇌.

남자와 여자가 감정을 처리하는 방식이 이렇게 다른 이유는 무엇일까? 뇌 구조가 다르기 때문일까?

이 의문을 풀어주는 연구 결과가 있다. 하버드 의대의 데보라 유젠토드(Deborah Yurgelun-Todd)와 동료 연구원은 9~17세 청소년을 대상으로 MRI(자기공명영상법)를 이용하여 뇌에서 감정을 처리하는 과정을 연구했다.

연구 결과 남자와 여자는 감정을 처리할 때 사용하는 뇌 부위가 다르다는 사실이 밝혀졌다. 남자는 뇌 중심부에 있는 편도체라는 기관에서 감정을 처리하고, 여자는 뇌의 표면에 있는 대뇌피질의 전두엽에서 감정을 처리한다.

편도체는 대뇌변연계에 있으며 좋다·싫다, 즐겁다·불쾌하다, 화난다, 슬프다 등 정서 반응을 담당하는 기관이다. 불쾌함, 불안, 슬픔 등 부정적인 감정에 쉽게 반응하는 특징이 있다.

어린아이일 때는 남자, 여자 모두 편도체에서 감정을 인식한다. 편도체에 인식된 부정적 정서는 설명하기 힘든 불쾌한 감정이다. 본능적으로 '왠지 모르게 싫다'고 느끼는 불쾌함이라 할 수 있다.

따라서 유치원이나 초등학교에 다니는 아이에게 "뭐가 그렇게 슬퍼?", "왜 시무룩해 있어?" 하고 물어도 이유를 잘 설명하지 못한다. 그리고 정도의 차이는 있지만 시간이 흐르면 그 부정적인 감정을 잊어버리는 경우가 많다. 단기 기억은 편도체에서 처리한다.

그런데 여자아이의 경우 나이를 먹어감에 따라 불쾌한 감정을 인식하는 부위가 편도체에서 대뇌피질의 전두전야로 바뀐다.

대뇌피질은 이성, 분별, 지성, 언어 등 고난도의 뇌 활동을 담당하는 곳이다. 여기에서 부정적인 감정을 인식하게 되면 어떤 변화가 생기게 될까?

자신이 왜 슬픈지, 왜 불안한지를 반복적으로 생각하게 된다. 그리하여 여자아이는 나이가 듦에 따라 기분을 주체하지 못하고 감정 조절이 힘들어진다. 그리고 이런 감정을 언어로 표현하려고 한다. 여자는 선천적으로 언어 능력이 뛰어나다. 이 능력을 발휘하여 자신이 느끼는 감정을 타인에게 이해시키고자 최선을 다한다. 상담할 때도 여자 환자는 자신이 얼마나 괴롭고 불안한지를 열심히 설명한다. 이 역시 대뇌에서 감정을 처리하는 것과 관련이 있다.

대뇌피질은 기억의 저장 장소이기도 하다. 그것도 단기 기억이 아닌 장기 기억을 저장하는 곳이다.

보통 시각 정보나 청각 정보는 몇 초 후에 소멸한다. 한번 본 텔레비전 광고는 금방 잊어버린다. 하지만 흥미 있는 내용이나 자신에게 필요한 정보는 단기 기억으로 편도체에 전달된다. 단 이것도 1분이 한계다. 그런데 매우 강한 인상을 받았거나, 정확히 이해한 정보는 중기 기억으로 해마에 길게는 한 달 동안 보존된다. 이때 필요 없는 정보와 잊어서는 안 되는 중요한 정보를 선별하여 중요한 정보는 장기 기억으로 저장된다. 특히 반복해서 접한 정보는 '중요 사항'으로 인식되어 측두엽으로 보내져 장기 기억이 된다. 그리고 측두엽에 저장된 기억은 전두엽의 명령에 따라 다시 꺼낼 수 있다.

여자는 대뇌피질에서 감정을 담당하기 때문에 남편이나 남자 친구가 과거에 저지른 잘못을 정확하게 기억했다가 필요할 때 불쾌한 기억을 다시 떠올린다.

"그때 당신이 말만 하고 아무것도 해주지 않았잖아."

"그리고 보니 그때도 그랬어."

"그리고 또 이번에도……."

이런 부정적인 기억을 문제가 생길 때마다 다시 들춰낸다. 물론 그 기억을 떠올릴 때 불쾌한 감정도 고스란히 되살아난다.

여자가 불만을 오랫동안 쌓아두는 것은 이 때문이다. 나이가 들면서 여자의 뇌는 불평이나 불만 등 스트레스를 잘 저장하는 구조로 바뀐다.

한번 부정적인 감정으로 자리 잡은 기억은 좀처럼 바뀌지 않는다. 일단 나쁜 인상을 주면 그 뒤에는 바꾸기 어렵다. 이 점을 남자들은 명심해두어야 한다.

다시 한 번 말하지만 여자의 감정 기억에는 시효가 없다.

불쾌한 감정일랑 깨끗이 잊어버리면 좋을 텐데 여자는 왜 장기 기억으로 담아두는 것일까?

아마도 안전 욕구와 관련이 있을 것이다. 불쾌함을 준 사람을 금방 잊어버렸다가 나중에 자칫 위험에 빠질 수 있다. 일반적으로 여자는 완력으로 상대를 쓰러뜨리기 어려우므로 공격보다 방어가 더 중요하다.

감정의 배출구를 찾자

한편 남자는 어떨까?

몇 가지 실험을 통해 남자가 여자보다 더 '감정적'이라는 결과가 나왔다. 남자는 공포나 분노를 불러일으키는 장면에 더 민감한 반응을 보이는 반면, 여자는 슬픈 장면에서 더 큰 반응을 보였다. 행복한 장면에서는 남녀 반응이 거의 비슷하게 나타났다. 공포, 분노 같은 감정에는 편도체가 강하게 반응한다.

남자는 사춘기를 지나 성인이 된 뒤에도 편도체에서 부정적인 감정을 처리한다. 즉 남자는 여자와 달리 성인이 되어도 변화가 없다.

그래서 남자는 대체로 성인이 되어서도 '자신이 왜 슬픈지', '왜 불안한지'에 대한 기분을 표현하는 데 서툴다. 대뇌피질이 아닌 편도체에서 본능적으로 감정을 인식하기 때문에 그 이유를 말로 잘 설명하지 못하는 것이다.

상담을 할 때도 남자는 쉽게 속마음을 털어놓지 않는다. 이것 역시 편도체에서 감정을 처리하는 것과 관계있다.

다시 말해 남자 뇌는 구조적으로 감정을 인식하기 힘들게 되어 있다.

타인의 감정은 물론 자신의 내면에 있는 부정적인 감정까지도 깊게 살펴보지 않고 '괜찮을 거야' 하며 가볍게 지나쳐버린다. 이런 일이 쌓이고 쌓이면 나중에 문제가 한꺼번에 터지게 된다. 남자 뇌와 스트레스의 관계에 대해서는 다음 장에서 자세히 설명하겠다.

여하튼 이와 같이 남자와 여자는 감정을 처리하는 뇌 구조가 근본적으로 다르다.

여자는 불평을 차곡차곡 쌓아놓고, 남자는 이를 마음에 담아두지 않는다.

애초에 뇌가 그렇게 만들어진 것이다.

그렇다면 시간이 흐를수록 남녀 간 감정의 골이 깊어지는 것을 피할 방법이 없을까? 갑작스럽게 애인에게 이별 통보를 받는 것도 불가피한 일일까?

그렇지 않다.

남자와 여자가 서로 다른 점에 관심을 기울이고 그 성향을 존중하면 더 가까이 다가갈 수 있고 차이도 메워나갈 수 있다.

남성 독자에게 한 가지 충고를 하자면 "여자라는 생물에게는 불만을 담아두는 양동이가 있다"는 사실을 꼭 기억해두라는 것이다.

이 양동이의 존재를 의식하는 것만으로도 행동방식이 크게 달라지게 된다. '지금 그녀의 양동이는 얼마나 차 있을까?' 하고 관심을 가진다면 평소 그녀를 대하는 자세가 달라질 것이다. 여자 친구나 아내가 늘 하는 잔소리에 대한 마음가짐도 얼마간 변화할 것이며, 대처하는 방식 역시 바뀔 것이다.

여자 뇌는 그런 작은 변화도 눈치 빠르게 금방 알아챈다.

더불어 여자의 내면에 있는 양동이가 포화 상태가 되어 상황이 심각해지기 전에 적절한 배출구가 필요하다. 그 역할을 해주는 것이 공감이다. 여자는 단순히 이야기를 들어주고 공감해주는 사람이 있다는 사실만으로도 불평불만이 해소된다.

앞에서 여자에게 한번 나쁜 인상을 심어주면 이를 바꾸기 어렵다는 말을 했다. 하지만 그것이 전혀 불가능한 일이냐 하면 그렇지 않다. 여자는 남자가 달라지기 위해 노력하는 모습을 보면 마음이 서서히 풀린다.

사실 남자가 소쿠리가 아니었다면 여자 또한 괴로운 일이 많을 것이다. 여자의 실수를 하나하나 기억하는 남자를 생각해보라. 상상하는 것만으로도 끔찍하다.

어쨌든 여자의 이야기에 귀 기울여주고 어떻게 해주길 원하는지 알아야 한다(아무것도 하지 않아도 될 때도 있다). 당연히 실천도 잊어서는 안 된다. 만약 그녀가 원하는 것을 해줄 수 없을 때는 다른 해결책을 제시해야 한다. 남자는 문제 해결 능력이 뛰어난 '해결하는 뇌'를 가지고 있으므로 그리 어렵지 않을 것이다. 이런 노력을 꾸준히 하면 적어도 어느 날 갑자기 '헤어지자'는 말을 듣는 일은 없을 것이다.

'결혼 전에는 공주처럼 잘해주더니……'

남자는 잡힌 물고기에겐 먹이를 주지 않는다?!

"결혼하자마자 사람이 완전히 변해버린 것 같아요. 전에는 선물도 자주 하고 그랬는데 이제는 집에 늦게 들어오고, 함께 외출하거나 대화를 나눌 기회가 거의 없어요. 저녁밥도 늘 혼자 먹고 도대체 왜 결혼했는지 모르겠어요……."

클리닉을 방문하는 젊은 여성들이 흔히 하는 호소다. 결혼 후에 남편의 태도가 돌변한 것이 이상하기도 하고, 당황스러운 것이다.

그러나 생물학적으로 보면 이는 어쩔 수 없는 일이다.

남자는 정자를 '배출하는 성(性)'이고, 여자는 그 정자를 받아 '낳고 키우는 성(性)'이다. 그리고 결혼은 남자에게는 '결승선'이고, 여자에게는 '출발선'이다.

남자는 결혼에 이르기까지 여자에게 이것저것 공들여 투자한다. 선물을 보내고 달콤한 말을 속삭이며 시간과 노력을 들여 어떻게든 자신의 것으로 만들려 한다. 그렇지만 결혼이라는 결승선에 다다르면 이제 손안에 들어왔기 때문에 언제든지 여자에게 자신의 씨를 뿌릴 수 있다. 더 이상 공들일 필요가 없다. 여자에게 선물을 사주거나 다정한 말을 속삭일 필요가 없는 것이다.

한편 여자는 결혼해서 남자의 정자를 받아 임신을 하면 아이를 낳아 키우는 역할을 수행해야 한다. 그런 의미에서 여자에게 결혼은 출발선이며, 결혼한 뒤에는 당연히 전보다 더 좋은 대우를 받을 것이라 기대한다. 그런데 막상 결혼했더니 기대와 달리 애정과 관심을 기울이지 않는 남자에게 불만을 품게 된다.

잡은 물고기에게 먹이를 주지 않는 남자와, 잡힌 뒤에도 먹이를 기대하는 여자. 남자의 시간과 노력에 대한 투자를 둘러싸고 남녀의 기대가 어긋난다.

'이게 아니었는데'라는 생각

남자는 잡힌 물고기에게도 먹이를 주어야 한다는 사실을 쉽게 잊어버린다.

　어느 정도 시간이 흐르면 어딘가에 놔두었던 물건의 존재 자체를 아예 잊어버리는 것처럼 자신이 결혼했다는 사실을 잊어버리고, 그런 자신을 이상하게 여기지도 않는다. 남자들 대부분이 매일 회사에 갔다가 집으로 돌아오고 꼬박꼬박 월급만 가져다 주면 할 도리를 다 했다고 생각하는 듯하다.

　그러나 여자는 그렇지 않다. 잡은 쪽과 달리 잡힌 쪽은 결혼 전의 약속이 휴지 조각이 된 기분을 느끼게 된다. 대부분의 여자는 그 기분을 털어내지 못하고 마음속에 그렸던 결혼생활과 현실 사이의 간극에 의문을 품는다. 그렇게 하루하루를 보내다 보면 점점 '불행하다'는 생각이 든다.

　그리고 불행감은 점점 커져만 간다.

　'저 사람과 함께라면 행복하리라 믿었는데.' → '이런 게 아니었어.' → '다른 사람들은 다 행복해 보이는데.' → '왜 나만 이렇게 불행한 걸까?' → '모두 저 사람 탓이야.'

　이런 식으로 부정적인 생각이 끊임없이 이어지다 보면 자신이 불행하다는 감정이 고조된다. 여자의 뇌는 전교련이라는 감정 통로가 남자보다 두꺼워서 감정의 교류가 활발히 이루어지는데, 이로 인해 분노, 슬픔, 불평불만 등의 감정 정보가 증폭되는 경향이 있다. 뭔가 하나를 부정적으로 생각하기 시작하면 매사를 부정적으로 보게 되는 것이다. 말하자면 여자는 부정적인 감정을 증폭시킨다(그 이유는 여자가 불안을 완화하는 뇌신경 전달물질인 세로토닌이 남자보다 적게 분비되기 때문이다).

여자는 이 악순환의 회로에 빠져들면 무슨 일이 있을 때마다 남자의 결점을 발견하게 되고, 사소한 일에도 꼬투리를 잡아 꼬치꼬치 따지게 된다.

예를 들어 당신이 집에 들어오자마자 양말을 뒤집어 벗어던졌는데 이를 본 아내가 살짝 눈살을 찌푸린다. 이때 아내의 머릿속에는 '이 사람이 정말! 몇 번이나 말했는데 또 양말을 뒤집어서 벗어놓는 것 좀 봐' → '역시 이 사람과 결혼하는 게 아니었어' 하는 생각이 맴돌고 있을 가능성이 농후하다.

작은 불만이 오랜 시간 누적되면 '이런 게 아니었는데'라는 불행한 감정으로 커지게 된다.

잊지 않고 계속 꽁해 있는 것이 가장 무섭다

남자는 불만이 있으면 왜 진작 말하지 않았느냐고 여자에게 물을 것이다. 말해줬더라면 방법을 모색했을 텐데 하고 생각한다.

하지만 여자 입장에서는 이미 여러 번 지겹게 반복했던 내용들이다.

여자는 좋은 일이든 나쁜 일이든 '다음에 그이한테 말해줘야지',

'그이한테 이런 신호를 보내봐야지'라는 생각을 늘상 안에 담아둔다.

그러나 그 마음은 남자에게 좀처럼 전달되지 않는다. 앞에서 언급한 것처럼 여자는 양동이이고 남자는 소쿠리다. 여자는 무슨 일이 있을 때마다 신호를 보내며 하소연하지만 남자는 대부분 그냥 흘려보낸다. 설령 눈치를 챘다 해도 임시방편으로 모면하는 데 능한 남자의 뇌는 "아아, 알았어, 알았다고" 하면서 건성으로 대답하고 흘려들었다가 다음 날 깨끗이 잊어버린다. 결국 여자는 더 이상 말하길 포기하게 된다.

이렇게 해서 소통하지 못한 여자의 양동이에는 '불만'이라는 물이 조금씩 차오른다.

이때 문제는 여자가 마음속에 쌓인 불만을 어떻게 처리하느냐 하는 것이다. 남자가 가장 무서워하는 것은 여자가 입을 꾹 다물고 아무 말도 하지 않는 것이다.

그중에서도 특히 두려운 것은 '원한을 품는' 것이다. 여자는 담아두는 성향이 강해서 몇 년, 때로는 몇 십 년 동안 불행한 감정을 능히 마음속에 품을 수 있다. 여자의 정서는 시간과 더불어 증폭되어 대뇌피질에 장기 기억으로 선명하게 저장된다. 입을 다물고 이제나 저제나 반격의 기회를 노리고 있다면 남자에게 이것만큼 무서운 일은 없다.

더욱이 불평불만을 해소하지 못하고 가슴에 담아두고 있으면 여자는 '아무도 나를 이해해주지 않아', '나를 인정해주는 사람이 없어'

라며 스스로를 압박한다. 이로 인해 몸과 마음의 균형이 무너지면 우울증이나 자율신경실조증에 걸릴 수 있다.

다시 말해 여자가 침묵을 지키기보다 입을 열고 불만을 털어놓는 편이 남녀 모두에게 안전한 동시에 안심할 수 있다.

그러므로 아내가 친구나 이웃 주부에게 "우리 남편은 손가락 하나 까딱하지 않아. 결혼하기 전에는 그렇지 않았는데……" 하며 불만을 털어놓는다면 오히려 남자에겐 두 팔 벌려 환영해야 하는 일이다. 언어 능력이 발달한 여자는 가슴속에 쌓인 불만을 타인에게 이야기함으로써 스트레스를 푼다. 그렇게 해서 양동이에 담긴 불만을 조금이라도 덜어낼 수 있다면 남자에게는 무척 고마운 일이다.

요컨대 여성에게 푸념을 늘어놓는 것은 중요한 감정의 배출구가 된다. 배출하지 못하고 차곡차곡 쌓이면 더 위험하다. 아내가 언제부턴가 아예 푸념조차 하지 않고 있다면 남자는 오히려 긴장해야 한다. 바짝 몸을 낮추어야 하는 상황이다.

거창한 기획보다 소박한 깜짝 이벤트가 효과적

'먹이를 주지 않는다'고 불평하는 아내에게는 '먹이를 주는' 것이 가장 좋은 방법이다. 먹이를 주지 않으면 어떤 생물이든 색이 바래고 생기를 잃는다. 문제는 먹이의 크기와 타이밍이다.

지금까지 방치했던 잘못을 속죄하기 위해 어느 날 갑자기 고급 레스토랑에 아내나 여자 친구를 초대한다. 그런데 남자의 부푼 기대와 달리 여자는 기뻐하기는커녕 당혹스러워한다. 고급 레스토랑에 입고 갈 옷도 없는데 어떡하지? 액세서리는? 구두는 어떡하지? 핸드백은?

"그런 곳에 초대할 거면 좀 일찍 말해주면 좋잖아. 미리 준비를 했을 텐데."

여자는 미리 언질을 주지 않았다고 화를 내더니 레스토랑에 들어가서는 투덜거리기까지 한다.

"이런 비싼 레스토랑은 돈이 아깝지 않아? 이 돈이면 차라리……."

모처럼 기쁘게 해주려 준비했는데 도대체 저 태도는 뭐지? 남자는 서운함에 화가 난다.

사실 여자는 남자가 상상하는 큰 행복을 원하는 것이 아니다. 여자는 너무 행복하면 그만큼의 불행이 찾아올까 봐 불안해하는 존재다.

이 정도라면 아무도 시기하지 않겠지, 하는 정도의 소소한 행복을 바란다. 특히 작은 행복을 여러 번 느끼는 것을 좋아한다.

여자를 감동시키고 싶다면 '작은 깜짝 이벤트'를 권한다. 생일에 선물을 주는 것은 너무 구식이다. "생일은 아니지만 축하해" 하는 식으로 생각지 못한 깜짝 이벤트를 해주면 반응이 좋다. 뜻밖의 선물,

평소 다니는 수준보다 약간 고급스러운 정도의 레스토랑이나 호텔
이 더 큰 감동을 줄 것이다. 여자가 하루하루 특별하게 느끼도록 하
는 것이 요령이다.

　이 같은 일상의 작은 감동 덕분에 여자의 뇌는 도파민이 활성화
되어 점점 생기가 넘치게 된다.

'왜 문자에 답장을
안 하는 거야?'

'아무리 바빠도 문자 정도는 보낼 수 있잖아!'

출퇴근 지하철 안에서, 점심시간에, 화장실에서, 수업 중이나 업무 중에 책상 아래서 몰래…… 어쨌든 시간과 기회만 생기면 문자를 보내는 여성이 많다.

　여자들이 문자를 즐기는 것 역시 언어 능력이 뛰어난 뇌를 가졌기 때문이다. 반면 남자는 대량의 문자를 연이어서 받는다면 아마도 곤혹스러워할 것이다.

　업무 중은 물론이고, 동료와 한잔하고 있을 때나 야근하느라 지쳐 있는데 여자에게서 계속 문자가 날아온다. 여자의 문자는 당연히 남자의 답장을 요구하고 있지만 그때마다 매번 기대에 응할 수는 없다. '나중에 보내면 되겠지' 하고 잠시 미룬다는 것이 그만 아예 까맣게 잊어버리는 일이 부지기수다. 아마도 이것이 남자들의 일반적인 모습일 것이다.

그러면 여자는 눈을 치켜 올리며 화를 낸다.

당연히 큰 잘못을 저질렀다는 듯이 "왜 문자에 답장을 안 보내는 거야?"라고 불평한다.

여자가 힐문하는 듯한 어조로 따지면 남자는 무슨 대역죄인이라도 된 듯한 기분이 든다. 바빠서 문자를 보낼 시간이 없었다고 변명해도 여자는 "아무리 바빠도 문자 정도는 보낼 수 있잖아. 문자 보내는 데 시간이 얼마나 걸린다고……"라고 하면서 끝까지 남자 말을 들으려 하지 않는다. 이런 짜증나는 대화를 주고받다 보면 점점 감정이 격해지고 화가 나기 시작한다.

따져보면 여자의 '문자 공격'에 질려서 두 손 들고 물러나는 남자들이 분명히 많을 것이다. 문자 때문에 애인과 다툰 경우도 적지 않다.

여자에겐 대화, 남자에겐 편지

도대체 고작 휴대전화 문자 때문에 사랑하는 사람과 사이가 벌어지기까지 하는 이유는 무엇일까?

그것은 문자에 대한 남녀 인식이 다르기 때문이다.

여자에게 휴대전화 문자는 '대화'다.

하지만 남자에게 문자는 어디까지나 단순한 문자에 불과하다. 즉 '편지'인 셈이다.

여자는 대화의 연장선상으로 문자를 보내기 때문에 답장이 오지 않으면 무시당한 느낌을 받는다. 특히 여자의 뇌는 '대화를 통한 공감'을 본능적으로 원하기 때문에 대화가 중간에 끊기고 상대방이 입을 다물고 침묵하면 불안해한다. 그래서 여자는 문자를 보낸 뒤에 답장이 오지 않으면 거절당했다고 느낀다.

한편 남자에게 문자는 편지를 쓰는 것과 같기 때문에 바로 답장을 하지 않고 여유가 있을 때 써서 우체통에 넣으면 된다고 생각한다. 편지는 '바빠서 답장이 늦어졌다'고 변명하면 상대방도 이해해준다. 아마도 남자는 답장이 2~3일 늦어도 전혀 문제될 게 없다고 생각할 것이다.

그러다 보니 여자가 대화하듯이 말을 건 문자에 남자는 한참 시간이 지나서야 (편지의) 답장을 보낸다. 여자는 기다리다 지쳐 짜증이 나 있다. 남녀 사이에 이런 시차(時差)가 있으니 의견 충돌이 생기는 것은 당연한 일이다.

이 충돌 역시 남자의 뇌와 여자의 뇌가 다르다는 사실과 관계가 있다.

여자 뇌는 멀티 모드이고, 남자 뇌는 원 모드다. 여자 뇌는 여러 가지 일을 동시에 수행하는 것에 능숙한 반면, 남자 뇌는 한 번에 한 가지 일에만 집중한다. 멀티 모드인 여자는 회사에서 일하면서도 남자 친구의 존재를 잊지 않고 생각이 나면 문자를 보낼 수 있다. 하지만 원 모드인 남자는 일단 회사에서 업무를 시작하면 일에 집중하느라 여자 친구를 생각할 겨를이 없다. 아마도 업무가 끝나고 머릿속의 신경이 업무에서 벗어나기 전까지는 답장을 보내야겠다는 생각을 못 할 것이다.

사냥(업무)하러 집을 떠나면 남자는 사냥에 집중해야 하기 때문에 다른 생각을 할 여력이 없다. 그렇다고 해서 여자를 소중하게 생각하지 않는 것은 아니다. 하루 업무가 끝나면 '맞다. 그러고 보니 문자가 왔었지……' 하고 그제야 잊었던 것을 떠올린다. 남자는 그것으로 충분하다고 믿기 때문에 이에 대해 전혀 거리낌이 없다.

단지 여자들이 남자의 그런 특성을 이해하지 못해 귀찮은 트러블이 발생하는 것이다.

문자로 도파민을 자극하라

그녀와 문자 때문에 다투지 않으려면 남자는 어떻게 대처해야 할까?

여자의 대화 방식에 맞춰 열심히 문자를 보내는 방법도 있지만 이는 굳은 결의가 없으면 불가능하다. 답문자 1개를 보내면 10개가 돌아오는 사태에 대비해두는 편이 좋을 정도다. 실제로 이런 사태가 벌어지면 남자 뇌는 지쳐서 완전히 방전될 것이다.

문제는 여자의 '공감 욕구'를 얼마나 충족시킬 수 있느냐 하는 점이다. 여자는 공감이라는 연결고리를 통해 유대관계가 형성되기를 바란다. 그리고 유대가 끊길까 봐 불안해서 이를 확인하기 위해 늘 문자를 보낸다. 그러므로 그녀에게 '우리 사이에는 유대감이 굳건하다'는 확신을 심어주는 것이 중요하다.

이를 위해서는 가끔이어도 좋으니 그녀가 기뻐할 만한 '기분 좋은 문자'를 보내면 효과적이다. 예를 들어 "어제 입은 옷이 정말 잘 어울리더라.", "멋진 당신이 옆에 있어서 내 어깨가 으쓱했어" 같은 칭찬을 마치 선물을 보내듯 시도해보라.

이런 기분 좋은 칭찬을 들으면 쾌감 호르몬인 도파민이 활성화된다. 도파민은 기대감이나 충족감을 증대시키는 신경전달물질이다. 도파민의 작용으로 여자는 유대감을 확인하고 안심할 것이다. 이 상태에서는 어느 정도 답장이 늦거나 깜박 잊더라도 문제가 되지 않는다. 아마 여자는 크게 화내지 않을 것이다.

이런 식의 '기분 좋은 문자'를 예기치 않게 받으면 여자는 신기하게도 행복감을 유지하고 다음 문자를 기대하면서 일주일 정도 들뜬 마음으로 보낼 수 있다. 남자 입장에서는 문자 한 통으로 여자를 일주일 동안 행복하게 해주는 셈이다.

평소에 말로 표현하기 힘들었던 얘기도 문자라면 가능하다. 심지어 얼굴을 마주하고 이야기하면 손발이 오그라드는 달콤한 말도 문자로는 얼마든지 보낼 수 있다. 문자에 이모티콘을 다양하게 사용하는 것도 좋다. 자신의 마음을 표현하거나 강조하고 싶을 때 큰 도움이 된다. 때로는 이모티콘만으로 충분한 경우도 있다. 시각적 요소에 민감한 여자의 뇌는 색채가 화려한 이모티콘을 좋아한다. 여자친구와 문자 때문에 옥신각신 다투는 일이 많은 남자라면 꼭 한번 시도해보기 바란다.

여자는 왜 남자의
휴대전화를 확인할까

바람피우다 그녀에게 걸렸다?

"나, 봤어……."

　이렇게 말하면서 바람피운 증거를 잡았다는 듯 남자의 휴대전화를 손가락으로 가리키는 그녀. 이때 당신이라면 어떤 태도를 취하겠는가? 사생활 침해라며 화를 내겠는가, 아니면 끝까지 아니라며 시치미를 떼겠는가? 그것도 아니면 깨끗하게 체념하고 사과하겠는가?

　물론 일촉즉발의 위기 상황을 넘기기가 쉽지 않겠지만…….

　그보다 내가 여기에서 언급하고 싶은 것은 '많은 여자들이 어떻게 해서든 남자의 휴대전화를 확인하고 싶어한다'는 점이다. 아마 이 문제에 대해 흥미를 보이는 사람이 많으리라 생각한다.

남자의 불륜을 감지하기 위해 발달한 여자의 뇌?

20년 전이라면 남자가 바람피운 의심스러운 증거라고 해봐야 립스틱 찍힌 와이셔츠, 양복에 밴 향수 냄새, 술집 이름이 찍힌 라이터 정도였다. 하지만 요즈음은 휴대전화가 바람의 증거를 잡는 가장 강력한 무기가 되었다.

남자에게는 무시무시한 시대가 도래한 것이다.

반면 여자에게는 이보다 편리한 것도 없다.

여자는 틈틈이 남자의 휴대전화를 몰래 살펴봄으로써 혹시 다른 여자의 흔적이 없는지를 알아내려고 한다. 휴대전화 착신 이력은 남자의 평상시 행동을 엿볼 수 있는 정보가 고스란히 남아 있는 보물창고나 다름없다. 사생활 침해라는 말을 듣건 말건 여자는 '보고 싶다'는 충동에 사로잡힌다.

애초에 여자의 뇌는 남자가 바람피우는 정보를 포착하도록 발달하였다. 여자 뇌가 언어 능력이 발달한 것은 대화를 통해 배우자의 불륜 정보를 캐내기 위해서라는 설이 있을 정도다. 남자보다 예민한 후각과 미묘한 색을 구별해내는 뛰어난 재능은 아이를 키울 때 세심한 변화를 알아차리기 위해 진화한 것이지만, 동시에 남자의 배후에 어른거리는 다른 여자의 그림자를 재빨리 감지하는 데도 탁월하다.

즉 여자가 (남자는 도저히 감지하지 못하는) 희미한 립스틱 자국이나 향수 냄새를 알아차리거나, 누가 누구와 사귀고 있다는 소문에 귀를 쫑긋 세우는 것은 어쩌면 당연한 일이다. 여자 뇌는 이를 위해 태어날 때부터 우수한 정보처리 능력을 타고난다. 남자의 불륜 정보를 수집, 분석하기 위해 더 많은 정보를 퍼뜨리고, 더 자세한 정보까지도 감지할 수 있게 프로그래밍되어 있다.

다시 말해 여자의 뇌는 남자가 바람을 피우는 등의 이상 징후를 탐지하는 데 적합하게 발달했다는 의미다.

여자의 뇌가 이런 방향으로 발달한 것은 남자를 다른 여자에게 빼앗기면 살아갈 수 없기 때문이다.

까마득히 먼 옛날 '출산과 양육을 담당하는' 여자는 남자의 경제력에 의지해서 살 수밖에 없었다. 경제적인 부분을 책임지고 있는 남자를 다른 여자에게 빼앗기는 날에는 아이와 함께 대책 없이 나앉아야 하므로, 그렇게 되기 전에 남자가 바람피우는 징후를 재빨리 포착해야만 했다. 여자가 다른 여자의 냄새를 찾아내어 차단하고 제거하는 능력이 발달한 것은 생존을 위한 경쟁원리가 작용했기 때문이다.

남자의 바람을 탐지하는 행위는 일종의 자기방어 본능인 셈이다.

그런 의미에서 여자가 남자의 휴대전화를 확인하고 싶어하는 것은 자신을 지키기 위한 본능으로 풀이할 수 있다. 남자의 휴대전화를 보면 그가 자신에게 얼마나 충실한지, 자신이 얼마나 안전한지를 알 수 있다. 다시 말해 자신과 남자를 이어주는 '생명선'이 얼마나 튼튼한지 확인하는 것이다.

판도라의 상자는 반드시 열린다

이처럼 여자가 남자의 휴대전화에 신경을 쓰는 데는 뇌과학적, 생물학적 이유가 있다.

물론 타인의 휴대전화를 훔쳐보는 것은 잘못된 일이다. 하지만 남자가 바람을 피우고 있는지 여부를 확인할 수 있는 증거가 담긴 상자가 눈앞에 있다. 그 상자를 열어서는 안 된다는 것을 알면서도 열지 않고는 배기지 못한다. 아니 여자는 '열면 안 된다'는 것을 알기 때문에 더욱더 '열고 싶은' 욕구를 느낀다.

그러므로 남자는 자칫 방심하면 언제든 여자가 자신의 휴대전화를 열어볼 수 있다는 사실을 인지하고 대처를 해두는 편이 좋다. 조금이라도 꺼림칙한 기록이 있다면 부지런히 삭제해서 의심의 불씨가 되지 않도록 해야 한다.

예전에 어떤 남자 기자에게 휴대전화로 연락을 했는데 여자가 받아서 깜짝 놀란 적이 있다.

"남편은 지금 샤워 중입니다!"

웬만해선 잘 놀라지 않는 나도 그만 주춤하고 말았다. 잘못한 일도 없는데 이후로 그 기자에게 연락하기가 꺼려졌다. 이는 분명 아내가 만일을 대비하여 포위망을 두른 것이다.

때문에 업무용과 개인용 휴대전화를 따로 가지고 다니는 남자들도 있다(그러고 보니 휴대전화를 2대 가진 여성은 드물다). 그렇다 해도 안심할 수 없다.

비밀번호가 있으니 괜찮다고 말하는 사람도 있는데 어차피 미봉책에 불과한 어중간한 방법으로는 여자를 속일 수 없다. 어쨌든 방심은 금물이다.

내 여자 친구가 설마……, 혹은 아내가 그런 몰상식한 행동을 할리 없다는 믿음은 당장 던져버려라.

서로 사랑하고 신뢰하는 사이라고 해도 여자는 '남자는 틈만 있으면 바람을 피우는 동물'이라는 사실을 본능적으로 알고 있으며, 사람마다 정도의 차이는 있을 뿐 늘 '의심의 눈길'을 거두지 않고 있다. 그리고 남자는 그 '의심의 눈길'에서 평생 벗어날 수 없다.

모처럼 평화로운 생활에 쓸데없는 풍파가 일지 않도록, 남자들은 한껏 몸을 낮춰라.

여자의 이별 통보는
계산된 행동

돈이 떨어지면 관계도 끝?

"나는 당신 마음만 있으면 돼. 돈 같은 건 필요 없어."

이런 여자의 말을 믿지 않는 것이 좋다.

왜 그럴까?

여자는 선천적으로 이해타산적인 존재다. 아무리 사랑한다고 해도 경제적 능력이 없는 남자의 품으로 뛰어들지 않는다. **달콤한 사랑의 밀어를 속삭이면서도 본능적으로 손익을 계산한다.**

물론 여자가 헤어지자는 말을 꺼낼 때도 마찬가지다. 아니 이별 통보를 했을 때는 이미 손해와 이익에 대한 수지결산을 마친 상태다. 결산 결과 '이대로는 손해다'라고 판단을 내렸기에 이별을 선언하는 것이다.

즉 여자는 사귀는 것도, 헤어지는 것도 모두 이해타산을 따져서 결정한다.

이렇게 말하면 여성 독자는 기분이 상할지 모르겠다. 하지만 여기서 말하는 이해타산은 가치 중립적인 것이다. 여자는 자신과 아이를 위해 좀 더 안정된 생활환경을 제공해줄 뛰어난 유전자를 고르려 한다. 그런 본능적 욕구에 따라 가장 능력이 있는 남자를 선택하기 위해 실리를 계산하는 것뿐이다.

과거에 여자들이 결혼 조건으로 '삼고(三高)'를 꼽았던 것이 대표적인 예다. 삼고는 '고신장, 고학력, 고소득'을 말하는데, 모두 경제력과 관련이 있다. 고신장, 즉 '키가 크다'는 것은 멀리까지 볼 수 있어 사냥감을 찾을 때 유리하고, 고학력은 학력이 좋아야 안정된 일자리를 잡을 가능성이 높기 때문이다.

'잉태하는 성(性)'인 여자는 임신, 출산, 육아에 전념하는 동안에 '돈을 벌 수 없다'는 생각이 뇌에 입력되어 있다. 경제활동을 할 수 없으므로 수컷에게 의지해야 하고, 경제적인 능력으로 수컷을 판단할 수밖에 없다(물론 '여자는 경제활동을 할 능력이 없다'는 의미가 아니다. 여자의 뇌는 경제활동을 하지 못하는 환경에 대비하도록 프로그래밍되어 있다는 뜻이다).

어쨌든 이런 생물학적인 이유로 여자는 선천적으로 이해타산적인 성향을 지닌다.

'어떻게 되겠지'라는 우유부단함은 여자에게 통하지 않는다

한편 남자의 경우는 어떨까?

당연히 개인차는 있겠지만 기본적으로 '그렇게 걱정하지 않아도 돈은 어떻게든 되겠지' 하고 생각하는 남자가 많다. 예를 들어 일자리를 잃게 되면 막노동이라도 해서 아내 정도는 먹여 살릴 수 있다고 자신한다.

남자는 꿈과 로망을 먹고사는 생물이다. 현실은 배고프고 가난하지만 산 너머 어딘가에 있을 멧돼지를 사냥할 계획만으로도 쾌감 호르몬인 도파민이 분비된다. 그 때문인지 손익을 따질 때도 비교적 낙관적이다. "마음만 먹으면 언제든 할 수 있어. 그러니 나만 믿어"라는 식이다.

그러나 이런 막연한 뜬구름은 여자에게 통하지 않는다.

여자 뇌는 경제 관념이 투철하기 때문에 '어떻게든 될 거야'와 같은 불확실성을 싫어한다. 1년 뒤의 100만 엔보다 현재의 1만 엔이 중요하다. 남자와 달리 여자는 눈에 보이는 범위 안에 행복이 있지 않으면 선천적으로 도파민이 분비되지 않는다.

여자는 왜 근시안적일까? 그 이유는 여자의 육체에서 찾을 수 있다.

여자는 처음 생리를 시작하고 나면 약 40년 동안 한 달에 한 번씩 육체의 일부가 파괴된다. 생리 전후로 여자의 몸 상태는 크게 달라진다. 아무리 오늘 기운이 팔팔하게 넘쳤어도 내일까지 이 상태가 유지된다는 보장이 없다. 당장 내일 아침에 두통이나 요통이 생길 수 있고 몸이 무거워서 자유롭게 움직이지 못할 수도 있다. 그래서 먼 미래를 걱정하기보다 오늘 하루를 무사히, 가능하면 행복하게 보내는 것이 더 중요하다.

그래서 여자는 스스로에게 자신감이 없다. 남자는 믿기 힘들겠지만 여자는 언제 변할지 모르는 몸과 마음으로 어떻게든 현재를 잘 보내기 위해 대부분의 에너지를 소비한다. 여자가 '치유'를 좋아하는 이유가 여기에 있다.

반면 남자의 육체는 한결같다. 오늘과 같은 내일을 맞는 것이 당연하다. 그래서 정신적 컨디션도 일정하고 1년 뒤에도 현재와 같으리라 믿기 때문에 미지의 세계에 뛰어드는 데 주저하지 않으며 '언젠가 반드시……' 하며 먼 미래의 계획도 세울 수 있다.

그렇다면 여자는 장래 계획을 세우지 않느냐 하면 그렇지 않다. 여자도 계획을 세운다. 하지만 계획을 세울 때도 안전과 안정이 가장 먼저이고 모험은 그다음이다. 남자들처럼 과대망상에 황당무계한 꿈이나 로망은 갖고 있지 않다. 불안정한 몸과 마음을 가지고 육아에 전념해야 하기 때문에 남자처럼 꿈과 로망을 추구하기 어렵기 때문이다.

그래서 갱년기 이후 몸이 생리라는 '육체의 파괴'에서 해방되고 아이가 성장하여 자유로워지면 여자는 진정한 자유를 향해 '날갯짓'을 하려고 한다.

그러면 원래의 주제로 돌아가 보자.

남자는 늘 "머잖아 어떻게든 될 거야"라고 말한다. 그런데 시간이 지나도 아무것도 달라지지 않으면 여자는 어떻게 될까?

여자는 본능적으로 경제 능력이 더 우수한 유전자를 탐색한다. 그리고 여자의 머릿속에 있는 계산기가 서서히 소리를 내며 작동하기 시작한다.

여자 머릿속에는 저울이 있다

대부분의 남자들은 여자의 머릿속에 존재하는 계산기의 무서움을 모르거나 알아도 대수롭지 않게 여긴다. 그러나 그렇게 생각 없이 태평하다가는 뼈아픈 사태를 맞을 수 있다.

예를 들어 황혼이혼의 경우가 그러하다.

지난 2007년에 1948년 전후로 태어난 베이비붐 세대의 이혼이 급증할 것이라는 전망이 항간에 소문처럼 떠돌았다. 베이비붐 세대의 정년퇴직이 대거 시작될 무렵이었고, 일본 정부가 2007년 4월부터 노령후생연금분할 제도를 도입하였기 때문이다. 이에 따라 이혼을 해도 아내는 남편의 노령후생연금을 최대 50퍼센트까지 받을 수 있게 되었다. 이렇게 되면 경제적인 불안 때문에 이혼을 망설였던 여성들이 이혼을 결심하는 경우가 많아질 것이라는 예측이었다.

경제적 자립이 가능하다면 더 이상 퇴직한 남편에게 볼일이 없다. 스트레스 받으며 남편과 사느니 연금을 받으며 남은 여생을 독립적으로 살겠다는 것이다. 노령후생연금 분할 제도는 넓은 세상을 향해 자유로이 '뛰쳐나가고 싶은' 여자들에게 날개를 달아주는 것과 다름없다.

"우리 집은 아무 걱정 없어"라며 코웃음 치는 남자들이 많을지 모르겠다. 하지만 여자를 그리 호락호락하게 봐서는 안 된다.

여자의 마음속에는 저울이 존재한다.

그 저울의 한쪽에 '안정'이 있고, 다른 한쪽에 '자극'이 있다. 안정은 출산과 양육을 담당하는 여자에게 없어서는 안 되는 부분이다. 미래의 경제적 안정과 생활의 안위를 확신할 수 없다면 현재의 생활을 유지하려 한다. 그렇지만 그러다 보면 욕구불만이 계속 쌓이게 된다. 여자는 늘 마음속으로 자신의 욕구를 충족시켜줄 자극을 갈망한다. 구체적으로 말하면 '조금 더 나은 생활을 하고 싶다', '즐기고 싶다', '두근거림을 느끼고 싶다'와 같은 자극을 원한다. 그리고 '안정을 포기할 수 없다'는 마음과 '자극을 원한다'는 마음을 양쪽 추에 올려놓고 저울질한다.

원래 여자는 안정을 추구하면서 더불어 즐거움도 만끽하고 싶은 모순된 욕망을 동시에 품고 있다. 달리 말하면 안정된 기반 위에서 변화를 추구한다. 그래서 여자는 미래에 대한 안정만 보장되면 기회가 오자마자 현재의 생활을 버리고 망설임 없이 새로운 생활을 선택한다.

그때 여자는 머릿속 계산기를 작동시켜 어느 쪽이 이익인지 매우 신중하고 냉정하게 따져본다. 계산 결과가 마이너스에서 제로가 되는 정도라면 움직이지 않는다. 마이너스가 확실하게 플러스가 되었을 때 비로소 새로운 환경에 뛰어든다.

이 같은 복잡하고도 중대한 손익계산을 여자는 눈 깜짝할 사이에 해치운다. 뿐만 아니라 머릿속으로 그런 계산을 하면서 입으로는 전혀 다른 말을 하거나 태연하게 일상적인 집안일을 하기도 한다. 남자가 태평하게 있는 동안 여자의 머릿속에서는 어쩐지 알기가 두려워지는 계산 결과가 나왔을 가능성도 있다.

그렇다면 지금 당신 곁에 있는 여성의 저울은 어떤 상태일까?

만약 조금이라도 불안해졌다면 어떻게든 그녀가 품고 있는 상실감을 빨리 메워줘야 한다. 그리고 '역시 당신과 함께 있는 편이 이익이다'라는 생각을 하도록 해야 한다.

여자의 상실감을 무엇으로 채울지는 사람에 따라 다르다. 하지만 여자의 손익계산 결과가 적자 상태로 지속되면 손쓸 수 없게 되므로 그전에 자극을 주어야 한다. 무리해서 적자를 흑자로 회복시킬 필요는 없다. 손익이 엇비슷하거나 조금 적자인 정도로만 회복시키면 충분하다. 대부분의 여자는 웬만하면 현상유지를 선택하기 때문에 이별 또는 이혼이라는 최악의 사태를 막을 수 있다.

어쨌든 여자 내면에 존재하는 저울이 어느 한쪽으로 기울지 않고 균형을 이루도록 해야 한다. 평소에 배려와 관심을 기울이면 적어도 여자의 머릿속 계산기가 '큰 적자'라는 위험한 결과를 내놓는 일은 없을 것이다.

chapter 2

남자의 바람에
집착하는
여자의 메커니즘

남자가 알아야 할
여자의 성전략의 비밀

길거리에서 너무 분주한
남자의 시선

남자는 여자 사냥꾼으로 태어난다

그녀와 나란히 걷고 있는데 한 미녀가 시선을 사로잡는다. 옆에 있
는 그녀의 존재를 까맣게 잊고 반사적으로 남자의 눈이 미녀를 쫓는
다. 힐끔거리는 정도가 아니라 아예 고개까지 돌아가는 순간 그녀의
앙칼진 목소리가 뒤통수에 날아든다.

"지금 저 여자 쳐다봤지? 제정신이야?"

이 정도면 그나마 나은 편이고, 손이나 팔을 힘껏 꼬집는 것으로
응징을 하기도 한다.

위기를 모면하기 위해 남자는 십중팔구 조금 전 자신의 행동을

부인할 것이다.

그러나 남자의 뇌는 멋진 여자가 있으면 그쪽을 주시하도록 되어 있다. 그것은 '여자 사냥꾼'이 되도록 설계되어 있는 남자의 뇌가 제멋대로 한 행동이다. 아무리 그녀가 화를 내도 이는 남자의 본능이므로 어쩔 수 없다.

남자의 성중추는 여자보다 2배 이상 크다

남자와 여자는 뇌에서 성적인 정보를 감지하고 처리하는 방식이 다르다. 잠시 그 차이를 살펴보자.

기본적으로 우리의 뇌는 성에 관한 정보를 2단계로 처리한다.

1단계는 시상하부다. 시상하부는 생명 유지와 본능에 관한 정보를 담당한다. 식욕, 성욕 등 동물적인 욕구를 만족시키기 위한 '오래된 뇌'다. 본능적인 욕구인 성욕은 이곳의 성중추에서 제어한다. 성적인 정보에 무의식적으로 반응하거나 충동적으로 성욕이 일어나는 것은 성중추의 작용 때문이다.

2단계는 대뇌피질이다. 대뇌피질은 지성, 이성, 감정을 관리하는 뇌다. 인간다운 활동의 근거가 되는 '새로운 뇌'다. 오르가슴 등 성적인 쾌감과 충족감을 담당하는 곳은 대외피질의 앞부분인 전두엽이다. 이곳에서 성관계를 가질 것인지, 어떻게 하면 쾌감을 느낄 수 있는지를 판단하기도 한다.

시상하부와 대뇌피질은 분리되어 독립적으로 기능하는 것이 아니라 상호작용하기 때문에 어느 쪽이 더 중요하다고 할 수 없다. 서로 연계하여 외부 자극에 대한 반응을 조절하면서 성적 욕구를 더원활히 처리할 수 있도록 작용한다. 이 기본 구조는 남녀 똑같다.

문제는 어느 쪽에 더 큰 비중을 두는가이다. 즉 시상하부에 중점을 두느냐 아니면 대뇌피질에 중점을 두느냐 하는 문제인데, 남자와여자가 매우 다르다.

남자는 시상하부, 다시 말해 본능에 무게중심을 둔다.

본능적인 욕망을 만들어내는 성중추는 시상하부의 내측시색전야에 있으며, 여기에는 각종 성호르몬의 수용체가 많이 분포해 있다. 그리고 성중추의 크기는 남자가 여자보다 2배 이상 크다. 뿐만 아니라 성적 욕구를 생성하는 호르몬인 테스토스테론의 분비량 역시 남자가 10~20배나 많다고 한다.

요컨대 남자 뇌의 성 감지기는 본능적 욕구를 담당하는 시상하부에 무게중심이 있기 때문에 남자가 성적으로 흥분하기 쉽다. 자신의 유전자를 배출하는 성(性)인 남자는 심지어 사냥터에 있을 때도 멋진 여자가 있으면 재빨리 그쪽으로 눈길을 준다. 안일하게 성적인 반응을 보였다가는 다른 남자에게 여자를 빼앗기고 만다. 남자는 자신의 유전자를 남기기 위해 태어날 때부터 성적인 정보를 재빨리 감지하도록 설계되어 있다.

반면 여자는 대뇌피질에 무게중심을 둔다. 자극을 받으면 본능보다 이성을 작동시킨다는 의미다.

애초에 남자와 여자는 시상하부 구조가 다르다. 여자는 성중추의 크기가 남자보다 작고 성욕을 활성화하는 테스토스테론의 분비량도 적다. 또 성충동을 유발하는 곳이 성중추가 아니라 바로 인접해 있는 복내측핵이다. 참고로 복내측핵은 음식을 먹고 포만감을 느끼게 하는 신경기관인 만복중추다. 여자의 경우 식욕이 성욕에 영향을 미치기 때문에 배고플 때보다 포만감을 느낄 때 성적으로 흥분하기 쉽다.

이런 성중추의 구조적 차이 때문에 여자는 남자에 비해 성적으로 쉽게 흥분하지 않는다. 본능에 따라 충동적으로 행동하기보다 먼저 정보를 대뇌피질에 보내 차분히 분석하는 편이다. 그리고 이는 여자가 수용하는 성(性)이며, 가장 우수한 유전자를 얻기 위해 신중히 비교 분석해야 하는 입장과 관계가 있다.

여자는 경솔하게 성관계를 가졌다가 별 볼일 없는 유전자를 잉태할 수 있기 때문에 조심스럽다. 그래서 남자가 시간과 노력을 투자하여 공을 들이지 않으면 여간해서 성적으로 흥분하지 않는다. 남자가 애를 태우는 동안 여자의 성 감지기는 남자의 유전자가 우수한지 아닌지를 꼼꼼히 따져본다. 여자에겐 차분히 고민할 시간이 주어지는 셈이다.

남자의 의지와 상관없이 저절로 그렇게 된다

그런 이유로 남자는 여자 친구(또는 아내)와 함께 걸어가면서도 무의식중에 다른 여자를 눈으로 쫓게 되는 것이다.

남자 뇌로서는 자연스러운 탐색 행동이다. 게다가 이는 대뇌피질에서 의식하는 행동이 아니라 시상하부에서 무의식중에 하는 행동이다. 의지와 상관없이 뇌가 제멋대로 이런 명령을 내린다.

다른 여자를 힐끔거릴 때 남자 뇌는 '저 여자와 내 여자 친구 중 누가 더 매력적일까?'라는 생각은 하지 않으며, '누구 가슴이 더 클까?' 하는 비교도 하지 않는다. 매력적인 여성에게 시선을 주는 것은 그저 무의식적인 반응일 뿐이다.

그러나 여자 뇌는 그것을 이해하지 못한다.

여자는 평소에 남자들을 보면 서로 비교한다. 이 남자와 저 남자 중에 어느 쪽이 더 훌륭한 유전자를 가지고 있는지 대뇌피질에서 입력된 정보를 비교 분석한다. 그래서 남자 친구가 다른 여자에게 눈길을 주면 그 역시 마찬가지로(머리로 생각하며) 그 여자와 자신을 비교하고 있다고 생각한다. 남자가 다른 여자에게 눈길을 주는 것에 예민하게 반응하며 화를 내는 것은 이 때문이다.

그러므로 한창 데이트 중일 때 여자가 "지금 다른 여자 봤지?"라고 따져 물으면 특별히 다른 마음이 있어 본 것이 아니라 자신도 모르게 무의식중에 보게 된다는 사실을 잘 설명하자.

이는 마치 여자들이 '귀엽고 깜찍한 물건'을 보면 바로 달려가서 '귀엽다!'라고 외치는 것과 비슷한 현상이다.

"남자 뇌는 그런 식으로 만들어져 있어. 시상하부에서 뇌가 자동으로 내리는 명령이라서 나도 어쩔 수 없어."

물론 이 설명을 듣고 납득해줄 여자가 과연 몇 명이나 있을지 모르겠다.

하지만 어쨌든 남자라면 기억해두기 바란다. 크게 손해 볼 일은 없을 것이다.

여자에게 섹스의 의미

남자는 시각적인 자극에 흥분한다

남자와 여자는 성적 흥분을 유발하는 요인이 전혀 다르다.

이와 관련해서 흥미로운 자료가 있다. 남자와 여자가 각각 '무엇에 자극을 받는가'에 대한 설문 조사 결과다(앨런 피즈·바바라 피즈, 《말을 듣지 않는 남자 지도를 읽지 못하는 여자》).

남자의 경우
① 포르노
② 여자 누드

③ 다양한 섹스

④ 여성 속옷

⑤ 섹스에 대한 여성의 동의

여자의 경우

① 로맨스

② 장기적인 약속

③ 의사소통

④ 친밀함

⑤ 자연스러운 스킨십

이 조사 결과는 남자와 여자가 추구하는 바가 어떻게 다른지를 한눈에 보여준다. 남녀가 이렇게나 다른데 자신이 원하는 것을 상대방도 좋아할 것이라고 생각한다면 큰 착각이다.

그런데 설문 결과에서 눈에 띄는 남녀의 차이는 남자가 시각적인 자극에 흥분하는 데 비해, 여자는 상대와의 관계성을 더 중요하게 생각한다는 점이다.

남자와 여자의 뇌 구조가 다르기 때문에 생기는 차이다.

남자와 여자에게 똑같은 포르노 영화를 보여주고 뇌의 어느 부위가 반응하는지 조사한 실험에서, 남자는 시상과 시상하부가 순간적으로 활성화된 반면 여자는 영화를 봐도 거의 변화가 없었다고 한다. 또 다른 실험에서는 성적으로 시각적인 자극을 주면 남자의 경우 시상하부를 비롯해 편도체와 해마까지 활성화되었다. 시상하부, 편도체, 해마는 모두 대뇌변연계에 있다.

앞에서 말한 바와 같이 남자 뇌는 시상하부를 중심으로 본능에 가까운 성 감지기가 매우 발달하였다. 남자의 성 감지기는 시각적인 자극에 민감하며 성적인 정보가 시야에 들어오면 적을 발견한 군인이 전투기를 긴급 발진시키는 것처럼 즉각 반응을 보인다. 즉 옷깃 사이로 살짝 드러난 앞가슴이나 보일 듯 보이지 않는 치마에서 눈을 떼지 못하는 것은 남자의 본능적인 행동이다.

대화와 섹스는 떼려야 뗄 수 없는 관계

그러면 여자 뇌는 어떤 상황에서 성적으로 흥분할까?

여자는 성적인 정보를 처리할 때 본능보다 대뇌피질에 의존하여 행동하기 때문에 조금 복잡하다. 대뇌피질에서 상대와의 관계성과 상황에서의 분위기를 판단하므로 자신의 입장이나 상대와의 심리적 줄다리기, 그 자리의 분위기 같은 여러 가지 요소가 얽혀 있다.

한 가지 확실한 점은 여자에게 섹스는 의사소통의 일부라는 것이다.

섹스가 의사소통이라고?

대부분의 남자들은 이해하기 어려울지 모르겠다. 왜냐하면 남자에게 섹스는 배설이나 식사와 마찬가지로 생리적인 행위이며, 극단적으로 말하면 섹스하는 데 의사소통 같은 건 필요 없다고 생각하기 때문이다.

하지만 여자는 다르다.

여자는 연애도 섹스도 대화 없이는 불가능하다. 대화 없이는 사랑이 깊어질 수 없으며, 섹스에서도 만족감을 느낄 수 없다. 사실 '무엇이든지 솔직하게 털어놓는 커플일수록 섹스 만족도가 높다'는 심리학 연구 결과도 있다.

더욱이 여자 뇌는 대화를 통해 쾌감을 느낀다.

여자 뇌는 좌우 뇌를 이어주는 연결 통로인 뇌량이 남자에 비해 두껍다. 좌우 뇌를 사용해서 더 많은 정보를 교환할 수 있는 만큼 언어를 구사하는 능력이 뛰어나다. 그리고 계속 말을 하면 뇌에서 쾌감 호르몬인 도파민이 분비된다. 여자가 수다스러운 것은 뇌에서 쾌감을 느끼기 때문이며, 연애와 섹스에서 대화가 꼭 필요한 이유도 이야기를 하면 도파민이 분비되어 뇌를 흥분시키기 때문이다.

원래 대화라는 것은 유대 관계를 확인하고 공감을 얻기 위한 것이다. 여자 뇌는 '공감하는 뇌'다. 상대와 자신이 얼마나 가까운 사이인지 확인하고 싶어한다. 여자는 연애든 섹스든 관계를 발전시키기 전에 상대가 정말 안심하고 몸을 맡길 수 있는 남자인지 판단해야 한다. 인생을 좌우할 중요한 순간이므로 대화를 통해 몇 번이고 확인 작업을 반복하는 것은 당연한 일이다.

다시 말해 성 감지기가 대뇌피질 쪽에서 더 발달한 여자에게 대화는 성적 흥분에 꼭 필요한 요소다. 대화 없이는 흥분되지 않는다고 할 정도로 중요한 역할을 한다.

그러므로 오로지 섹스에만 관심을 가지는 남자는 여자의 마음을 얻지 못한다.

여자에게는 육체적 관계보다 마음의 유대를 확인하는 것이 훨씬 중요하다. 마음의 유대를 확인하기 위해 섹스를 한다고 생각하는 편이 자연스럽다.

결혼생활 성공의 키워드는 이것에 비례한다

섹스와 관련해서 여자에게 대화가 꼭 필요한 이유를 잘 이해했으리라 생각한다. 노파심에 한 가지만 더 덧붙이자면 결혼의 성패는 얼마나 많은 대화를 나누는가에 달려 있다고 해도 과언이 아니다.

연구에 따르면 아내가 신경이 곤두서 있을 때 남편이 입을 다물고 대화를 포기하면 아내는 노르에피네프린(노르아드레날린)과 코르티솔의 분비가 증가한다고 한다. 노르에피네프린과 코르티솔은 스트레스 호르몬으로, 여자는 대화가 단절되기만 해도 분비량이 증가하지만 남자는 전혀 변화가 없다. 이는 부부 사이에 대화가 없거나 불쾌한 대화가 오가면 여자는 큰 스트레스를 받는다는 의미다. 또 신혼 초에 스트레스 호르몬의 분비가 많은 부부일수록 이혼할 확률이 높다고 한다.

즉 여자에게 부부 간의 원만한 의사소통은 섹스의 만족도는 물론 결혼생활 전체를 좌우할 만큼 중요하다고 하겠다.

그러므로 남자는 대화의 중요성에 관심을 가질 필요가 있다. 원래 남자 뇌는 수다를 떨기에 적합하지 않지만 요즘에는 마치 개그맨처럼 수다스러운 남자들이 많아졌다. 청산유수 같은 말솜씨가 아니어도 괜찮다. 평소에 입이 무거운 성격이라도 여자 앞에서만큼은 입을 열도록 노력해보자. 그런 배려와 노력으로 그녀와의 관계가 개선된다면 이것만큼 쉬운 일도 없다.

물론 이 '쉬운 일'이 어떤 남자에게는 무척이나 괴로운 일일 수 있다. 그런 사람은 어떻게 하면 좋을까? 말을 못한다면 손으로 쓰면 된다. 편지는 마음을 전할 수 있는 훌륭한 방법이다. 앞에서 말했듯이 문자를 자주 이용하는 것도 좋은 방법이다.

이것도 성가시다 싶을 때는 여자의 말을 잘 들어주면 된다. 여자가 말할 때 열심히 맞장구쳐주면 된다. 먼저 '음-', '어허-', '그래?', '그랬구나' 하는 감탄사와 함께 '그거 큰일이군', '다행이네'와 같이 공감을 적절하게 표현한다. 여기에서 조금 더 상급으로 올라가면 '그래서 어떻게 됐는데?' '그쪽에서는 뭐라고 했어?'라며 질문을 한다. 여자는 누군가 자신의 이야기를 들어주고 공감해주면 행복해한

다. 그리고 이야기를 들어주는 상대에게 호감을 느끼고 '좋은 사람'
으로 인식한다.

어쨌든 남자와 여자 사이에 의사소통의 인식 차는 피할 수 없는
문제다. 이에 대해서는 다음 장에서 더 상세히 알아보자.

착각을 먹고사는 남자

"몸이 목적인 거 다 알아"라는 말을 들으면?

"남자들은 매일 야한 생각만 한다며? 나한테 다정하게 대해주는 것도 결국 섹스를 하기 위해서 아냐?"

사귀는 여자 친구에게 이런 말을 들으면 당신은 어떻게 대답하겠는가? 다음 세 가지 중에서 하나를 선택해보자.

① "맞는 말이야. 그러니 빨리 하자."
② "그렇지 않아. 섹스 이외의 것도 충분히 생각한다고."
③ "그렇지 않아. 나는 네 마음을 원해."

필시 ①을 선택한 사람은 없으리라 믿는다. 대부분의 사람은 ②나 ③처럼 답할 것이다. 하지만 ②와 ③을 선택한 사람도 솔직히 '섹스가 궁극적인 목표'라는 생각을 완전히 부정할 수 없을 것이다.

남자는 천성적으로 그렇게 태어났기 때문이다.

남자는 씨를 뿌리는 성이다. 자신의 유전자를 되도록 많이 남기는 것이 목표이며, 그러기 위해서는 섹스를 하고 사정을 해야만 한다. 그래서 남자는 언제나 유전자를 품어줄 여자를 탐색한다. 무의식중에도 여성을 섹스 대상으로 보는 경우가 많다. 즉 자신이 바라건 바라지 않건 의지와 관계없이 여자를 성적인 대상으로 보게 된다. 이것은 남성 호르몬인 테스토스테론의 영향 때문이다. 만약 남자에게 이런 본능이 없다면 인간은 멸종했을 것이다.

남자는 제멋대로 생각한다

흥미로운 심리학 실험이 있다.

미국 남녀 대학생 200명에게 10분 동안 비디오를 보여주었다. 어느 여학생이 혼자 대학교수의 방에 찾아가 "리포트 제출 기일을 연장해주세요"라고 부탁하는 장면이었다. 학생들에게 이 여학생의 행동 패턴에 대해 질문을 하였다.

선택지는 다음 3가지 중에서 고른다.

① 우호적으로 행동하려 한다.

② 섹시하게 행동하려 한다.

③ 교수를 유혹하려 한다.

그 결과 남학생과 여학생의 견해가 약간 다르게 나타났다. 남녀 모두 '우호적으로 행동하려 한다'는 대답이 가장 많았다. 그러나 빈도수에서 남학생은 '섹시하게 행동하려 한다', '유혹하려 한다'는 의견이 월등히 더 많았다.

이 결과는 남자가 여자를 성적인 대상으로 바라본다는 사실을 의미한다. 흔히 남자는 여자가 친하게 굴거나 잘 웃기만 해도 자신에게 성적 매력을 어필하는 것으로 착각한다. 여자는 그저 평범하게 행동했을 뿐인데 혼자 제멋대로 성적인 의미를 부여해 확대 해석하는 것이다.

어쩌면 남자들은 이런 확대 해석을 평소 머릿속에서 하고 있는 것이 아닐까?

예를 들어 몇 번 시선이 마주치면 '저 여자 나한테 마음이 있구나' 하고 생각한다든지, 스쳐지나가다 부딪혔을 뿐인데 '나한테 추파를 던지는 건가?' 하고 생각하거나, 식사나 차 한 잔 같이 했을 뿐인데 '썸' 타는 것으로 해석한다.

어떤가? 착각도 이만저만이 아니라는 것을 알 수 있다. 하지만 남자는 그런 식으로 자기 편의적으로 해석하는 경향이 강하다. 당신도 이와 비슷한 경험을 한 적이 있을 것이다.

남자는 '그다음'을 기대한다

남자는 특히 성적인 의미를 가진 정보를 확대 해석하는 일이 많다. 자기중심적인 해석은 망상의 영역에 가깝다고 할 수 있다. 여자가 조금이라도 의미 있는 듯한 행동을 보인다 싶으면 혼자 진도를 나가며 다음 단계를 기대한다.

여자는 단순히 밥 한 끼 같이 먹자고 했을 뿐인데 남자는 상상의 나래를 펼친다. '분명히 내게 마음이 있는 거야.' → '그러면 식사한 뒤에 집에 바래다주고' → '그녀가 집 안으로 초대하면 그건 OK라는 뜻이겠지.' 이런 식이다. 남자는 섹스를 할 수 있는 아주 작은 가능성만 보여도 그다음을 기대하며 제멋대로 착각의 나무를 심어 어느새 거목으로 키워 머릿속을 가득 채운다.

여자는 설마 그런 상황이 벌어지리라고는 꿈에도 생각지 못한다. 자신은 전혀 그럴 의도가 없으므로 남자가 왜 이렇게 비약이 심한지 이해할 수 없다.

이런 견해차로 인해 문제가 발생하기도 한다.

여자에겐 '몇 번 이야기를 나눈 적이 있는 남자'가 "네가 날 유혹했잖아"라고 말한다든지, 한 번 같이 식사를 했을 뿐인 남자가 마치 연인이라도 되는 양 행동한다면 당연히 마찰이 빚어진다.

이런 난처한 경험을 몇 차례 겪은 여자는 남자라는 동물에 대해 환멸을 느끼기도 한다. 그래서 '남자는 어차피 섹스가 목적이다'라는 고정관념을 갖게 된다.

남녀 사이에 이런 문제가 발생하는 것 역시 현상을 성적인 것으로 인식하는 남자의 뇌 때문이다. 애초에 뇌가 그런 식으로 되어 있으니 어느 정도 포기할 수밖에 없는 일이지만 적어도 여자를 실망시키지 않을 정도의 분별은 지녀야 할 것이다.

여자는 남자가 엉뚱한 상상을 하고 있다는 것을 예민하게 감지한다. "지금 야한 생각 했지?"라든지 "무슨 생각 하는 거야, 변태!"라며 추궁하기도 한다. 가볍게 말로만 따지는 것이라면 그래도 낫다. 경멸 섞인 차가운 눈으로 보거나 성희롱이라며 소동을 일으켜 곤란한 처지에 놓이는 경우도 있다.

남자와 여자는 가령 똑같은 것을 보면서도 인식하는 방식이 전혀 다르다. 남자들은 이 점을 꼭 머릿속에 기억해두고 과잉 기대도 '정도껏' 하기 바란다.

이성에게 관심 없는 척,
여자의 진심과 내숭 사이

불륜, 어디까지 용서할 수 있나?

"사실은 나 유부녀와 사귀고 있어."

동료가 갑작스레 불륜 사실을 털어놓았다면 어떤 기분이 들까?

겉으로는 "그런 위험한 짓은 그만두는 게 좋아"라고 충고할지 모르겠다. 그러나 내심 부러워하고 있지는 않은가.

남자는 자신의 씨를 가능한 한 많이 남기고 싶은 본능적 욕구가 있다. 마음속에 바람을 피우고 싶어하는 욕구가 있음을 알기 때문에 동료의 바람도 어느 정도 묵인한다. '바람은 남자의 능력'이라고 공공연하게 말하는 것도 이 때문이다.

하지만 여자는 어떤 반응을 보일까?

아마 바람이라는 말을 듣자마자 눈살을 찌푸릴 것이다.

일반적으로 여자는 누군가 바람을 피운다고 하면 무조건 비난부터 한다. 배우자는 말할 것도 없고 생판 모르는 사람이 바람을 피우는 것에 대해서도 가차 없다. 대부분의 여자들은 '바람은 남자의 이기적인 행동이다'라는 고정관념을 가지고 있다.

하지만 생각해보면 남자만 일방적으로 나쁜 놈 취급을 하는 것은 조금 이상하다.

손뼉도 마주쳐야 소리가 나듯 당연히 불륜에 동의한 여자가 있게 마련이다. 상대 여자가 동의했기에 바람이 성립되는 것이다. 그럼에도 많은 여자들은 그 사실을 외면한 채 모른 척한다.

왜 여자들은 유독 바람에 예민하게 반응하는 것일까?

'다른 남자의 유전자를 남편이 키우게 한다'는 성전략

사실 여자도 바람에 대한 욕구를 가지고 있다.

오히려 바람을 열망하는 쪽은 남자가 아닌 여자일지도 모른다. 어쩌면 당신의 여자 친구 또는 아내 역시 더 우수한 유전자를 제공받기 위해 몰래 계략을 꾸미고 있을 수도 있다.

이런 말의 근거가 무엇인지 궁금할 것이다.

새의 경우를 예로 살펴보자.

새들도 암수가 같이 사는 일부일처제가 많다. 수컷과 암컷 한 쌍이 둥지를 만들고 새끼에게 먹이를 물어다주는 등 육아를 분담하는 모습이 참으로 화목해 보인다. 그래서 금실 좋은 부부를 두고 잉꼬부부라는 표현까지 생겨났다.

그러나 새의 DNA를 조사한 결과 새도 바람을 피운다는 증거가 속속 밝혀지고 있다. 수컷이 둥지를 비운 틈을 노려 외모가 더 수려하거나, 울음소리가 더 멋있는 수컷을 골라 짝짓기를 한다는 것이다.

이것은 뛰어난 생식 능력을 지닌 수컷에게 우월한 유전자를 받아서 더 우수한 새끼를 낳아 키우려는 암컷의 성전략의 일환이다. 물론 배우자 수컷은 이 사실을 모른다. 암컷은 태연하게 바람피워 얻은 우성 유전자를 수컷 짝에게 키우게 한다.

인간에게도 이와 비슷한 연구 결과가 나온 예가 있다.

영국에서 실시한 성생활 조사에서 불륜 관계를 맺고 있는 기혼 여성에게 성관계를 갖는 시기에 대해 물어보았다. 그랬더니 배란일 직전, 즉 가장 임신하기 쉬운 시기에 불륜 상대와 성관계를 갖는 경우가 많았다. 배란 직전에 여자의 성욕이 높아진다는 점을 감안하더라도, 일상생활은 남편의 보호를 받으면서 유전자는 불륜 상대로부터 받으려는 행동은 성전략의 영향이라 할 수 있다.

안정과 자극 사이에서 저울질하는 여자

아무리 그래도 '남편과의 안정된 생활'과 '불륜 상대의 유전자'를 둘 다 갖고 싶어하는 것은 매우 이중적이며 염치없는 일이다. 하지만 곰곰이 생각해보면 그리 놀랄 일도 아니다.

앞에서 말했듯 여자의 내면에는 저울이 있다.

저울 한쪽에는 '안정된 수입이 보장되는 남편과의 평화로운 생활'이, 다른 한쪽에는 '백마 탄 기사와의 모험'이 있다.

아마도 여자들은 마음속에 이런 저울을 하나씩 가지고 있을 것이다. 안정된 생활은 평화롭기는 하지만 단조롭고 따분하다. 많은 여자들은 반복되는 생활에서 지루함을 느끼고 두근거리는 변화를 원하게 된다. 안정과 자극 사이에서 저울질하며 두 가지를 모두 손에 넣을 수는 없을까 고민한다.

예를 들면 '베컴사마'나 '욘사마'에 빠져 열광하는 주부를 떠올려보자.

그들은 데이비드 베컴이나 배용준을 '백마 탄 기사'로 생각함으로써 짜릿한 욕구를 충족시킨다. 실제로 바람을 피우는 것은 아니지만 '유사 불륜'이라 할 수 있다.

우리 클리닉에 찾아오는 주부들도 마치 약속이나 한 듯이 하나같이 '두근거림을 느끼고 싶다'는 말을 한다. 단조롭고 권태로운 일상생활에 지친 이들은 뭔가 새롭고 신선한 자극을 늘 요구한다. 쾌감 호르몬인 도파민이 분비될 만한 자극적인 대상을 찾는 것이다. 이들은 말하자면 잠재적인 '예비 불륜 후보자'라 할 수 있다.

바람피우고 싶은 욕구를 '욘사마'를 통해 충족시키는 동안은 문제가 되지 않는다. 하지만 실제로 백마 탄 기사가 등장하면 이야기가 달라진다. 여자는 머릿속 계산기를 작동시켜 이해득실을 따져보고 '기사와의 모험을 선택해도 안전에 문제가 없다'는 판단이 내려지면 한 치의 망설임도 보이지 않는다.

불륜은 계산적인 행동이다

그러나 실제로 많은 여자들이 그렇게 바람을 피우지는 않는다.

현실적으로 안정과 자극을 모두 만족시켜줄 백마 탄 기사는 쉽게 나타나지 않기 때문이다.

그런 조건을 충족시켜주는 남자가 있을 수도 있다. 하지만 모험을 걸 만큼 매력적인 수컷은 수가 한정되어 있다. 그런 수컷을 만날 수 있는 여자는 극소수에 불과하며, 대다수의 여자에게 그런 행운(?)은 찾아오지 않는다. 즉 여자가 바람피우고 싶어도 현실적으로 불가능하다는 의미다.

그리되면 여자는 본심은 그렇지 않더라도 '현재 남편과의 안정된 생활'을 계속 이어갈 수밖에 없다. 일신의 안전이 보장된 현재의 상태를 유지하는 것 외에 다른 방법이 없다.

그리고 여자는 그런 자신의 처지를 보호하기 위해서 어쩔 수 없이 바람피우고 싶은 욕구를 부정해야만 한다. 더불어 남편의 불륜 상대는 자신의 안정된 생활을 위협하는 존재이므로 절대로 용납할 수 없다.

즉 많은 여자들이 바람피우는 것을 부정하는 것은 도덕이나 윤리적인 문제 때문이 아니다. '솔직히 나도 바람피우고 싶다' → '하지만 욕구를 충족시킬 수 없으니 현재의 안정된 생활을 유지해야겠다' → '그러려면 바람을 용납하지 않는 태도를 취하는 수밖에 없다'라는 지극히 타산적인 생각이 작용한 것이라 할 수 있다.

"여자는 쉽게 바람을 피우지 않지만 한번 바람이 나면 가정으로 돌아오지 않는다"라든가 "여자가 바람을 피우면 알아차리기 힘들다"고 말한다. 남자는 본능적인 충동으로 바람피우지만 여자는 머리로 치밀하게 따져본 뒤에 행동으로 옮기기 때문일 것이다.

이래저래 여자의 마음은 모순을 안고서 고뇌하며 항상 흔들린다. 매우 오묘한 존재다. 그래서인지 여자의 불륜에 대한 갈망은 오랜 세월 문학 주제로 빈번히 다루어졌다.

생각해보면 많은 세계적인 문호들이 여자의 불륜에 대한 작품을 썼다. 스탕달이 그랬고, 발자크가 그랬으며 톨스토이가 그랬고 무라사키 시키부(紫式部, 일본 헤이안 시대의 대표적인 작가로, 장편소설《겐지 이야기》를 썼다 — 옮긴이)가 그랬다.

이제 와서 새삼 '불륜은 문화다'라고 주장하는 것은 아니다. 다만 바람이나 불륜은 아주 오랜 역사를 가지고 있으므로, 이것이 문학이나 예술에 영감을 주었음은 부정할 수 없을 것이다.

마음을 주지 않았다면
용서할 수 있다?

한 젊은 여성이 클리닉을 방문했다.

"남편이 다른 여자와 외도한 사실을 알고 크게 화를 냈어요. 그런데 남편이 사과하면서 바람피운 게 아니라 단순한 원나잇이었을 뿐이라고 해서 어쩔 수 없이 용서해줬어요. 바람피운 거면 절대로 용서하지 않으려 했는데……."

나는 이 말을 듣고 고개를 갸웃했다. 바람이 아닌 원나잇이라면 용서할 수 있다니 무슨 의미일까?

그녀의 설명에 의하면 원나잇은 육체적 욕구에 사로잡힌 것, 즉

'몸'만 준 것이지만 바람은 '마음'을 준 것이므로 서로 다르다는 것이다. 다른 여자에게 마음까지 준 상태라면 용서할 수 없지만 남자의 육체적 욕구 때문에 잠시 흔들려 하룻밤 일탈한 것이라면 용서할 여지가 있다는 뜻이었다.

그녀의 말을 듣고 나는 진심으로 감탄했다.

배우자나 애인의 바람에 대해 남녀의 인식이 다르다는 사실을 이미 이론적으로 알고 있었지만, 이번 케이스가 그 단적인 예였기 때문이다.

같은 바람이라 해도 '용서할 수 있는 바람'이 있고, '용서할 수 없는 바람'이 있다. 그것을 판단하는 기준은 남자와 여자가 전혀 다르다. 남자는 여자의 정신적 바람은 용서해도 육체적 바람은 용납하지 못한다. 반면 여자는 남자의 육체적 바람은 용서해도 정신적 바람엔 관용의 폭이 넓지 않다.

남녀의 뇌와 몸의 차이를 잘 보여주는 예다.

자신의 유전자를 의심하는 남자

만약 나의 애인이나 배우자가 바람을 피운다는 사실을 알게 되었다면? 당신은 다음의 A와 B 중 어느 쪽에 더 충격을 받을까?

A. 연인이 다른 사람에게 매혹되어 서로 신뢰하고 비밀을 공유한다는 사실을 알았을 때

B. 연인이 다른 사람과 열정적이고 대담한 섹스를 즐긴다는 사실을 알았을 때

이것은 어느 심리학자가 남녀의 질투심에 대해 설문 조사를 하면서 물었던 질문이다. 대다수의 남자는 B의 경우에 큰 충격을 받는다고 대답한 반면, 대다수의 여자는 A의 경우 큰 충격을 받는다고 하였다.

이러한 결과는, 남자는 여자와의 육체적 유대가 끊어지는 것을 두려워하고 여자는 남자와의 정신적 유대가 끊어지는 것을 두려워한다는 사실을 말해준다.

왜 이 같은 차이가 생기는 것일까?

남자가 여자와의 육체적 유대에 집착하는 것은 본능적 위기감 때문이다.

자신의 여자가 다른 남자와 육체관계를 가지면 당연히 다른 사람의 아이를 임신할 가능성이 생긴다. 이는 남자가 자신의 유전자를 남길 기회를 빼앗기는 비상사태다. 게다가 남자는 여자가 아이를 낳아도 DNA 검사를 하지 않는 이상 그 아이가 정말 자신의 아이인지 알 수가 없다. 조금 극단적으로 말해서 그 아이가 자신의 유전자를 이어받았다는 것을 증명하려면 다른 남자와 접촉하지 못하게 여자

를 숨겨놓고 자신하고만 성관계를 갖도록 하는 것 외에 달리 방법이 없다. 여자가 자신의 아이를 임신했다고 확신하기 위해서는 육체적 유대에 의지할 수밖에 없다.

따라서 남자는 설령 서로 사랑이 식고 여자의 마음이 다른 남자에게 옮겨갔다 하더라도 육체관계만큼은 유지하며 다른 유전자가 접근하지 못하도록 한다. 남자는 여자의 육체적인 바람은 결코 용서하지 않는다. 여자가 "몸은 허락했지만 절대 마음까지 주지는 않았다"고 아무리 변명해도 대부분의 남자에겐 통하지 않는다.

여자에게 생명선은 육체보다 마음

한편 여자는 누구에게 정자를 제공받았건 자신이 낳은 아이는 자신의 유전자를 이어받는다. 이를 의심할 필요가 없으므로 남자처럼 육체적 유대에 얽매이지 않는다. 여자에겐 대신 남자가 아이와 자신을 돌봐줄 것인가가 더 중요하다.

여자는 남자가 틈만 나면 바람피우는 생물이란 사실을 잘 알고 있으며, 사랑 없이도 섹스할 수 있다는 사실도 잘 알고 있다. 그러므로 그런 남자와 자신을 진정으로 이어주는 생명선은 육체보다 역시 마음이라고 믿고 있다. 하지만 만일 연인인 남자가 다른 여자에게 완전히 마음을 빼앗겼다면 어떻게 될까? 당장 생활이 불안정해

질 수 있다. 육체뿐만 아니라 정신적인 유대까지 끊기게 되면 여자
는 아이와 함께 생계가 막막해진다.

그래서 여자는 남자의 육체적 바람은 용서해도 정신적 바람은 용
서하지 못한다. 만약 남자가 다른 여자와 육체관계를 가졌더라도 사
랑 없는 한때의 불장난이라면 힘들게나마 눈감아줄 수 있다. 하지만
다른 여자를 정신적으로 사랑하는 것은 절대로 용납하지 못한다.

남자와 여자의 비밀 암호는 '온리 유 & 포에버'

동서고금을 막론하고 남녀 사이에 불화가 생기는 가장 결정적이고
큰 원인은 바람이다.

하지만 지금까지의 이야기를 통해 알겠지만 남자와 여자는 바람
에 대한 생각과 대처 방식이 전혀 다르다. 애초에 입장부터가 다르
다. 이런 남녀 차이를 잘 이용하면 연인의 바람으로 인해 직면하는
위기도 원만하게 해결할 수 있다.

여자는 남자의 사랑 없는 육체적인 바람, 즉 '원나잇'은 용서해줄
여지가 있으므로 만약 바람피운 것을 들켰을 때는 "내가 사랑하는
사람은 당신뿐이야", "내 사랑은 언제나 당신 거야"라는 말을 반복하
는 것이 최선이다.

즉 '온리 유 & 포에버'를 강하게 어필해야 한다.

고전적인 방법이지만 이보다 나은 방법은 없다. 여자는 자신이 남자에게 특별한 존재이며 두 사람이 사랑으로 결속되어 있음을 확신할 수 있으면 안심한다. 그러므로 무조건 사랑한다는 말을 계속 속삭여야 한다.

정말 아끼지 말고 끊임없이 말해주는 것이 좋다. 여자의 감정 기억은 양동이이며 양동이 아래에는 큰 대야가 있어서 흘러넘친 물은 폭포와 같이 흘러서 바다가 된다. 남자가 한 번 피운 바람은 형벌처럼 평생 여자의 기억에 남아서 무슨 일이 있을 때마다 다시 끄집어내 불씨가 지펴진다.

한번 잃어버린 신뢰를 회복하는 방법은 처음부터 다시 차근차근 시작하는 수밖에 없다. 당연히 말만으로는 부족하다. '입으로만' 반성해서는 진지하게 받아들여주지 않는다. 행동으로 보여야 진정성을 인정받을 수 있다.

예부터 남자들은 이렇게 숱한 위기를 넘겨왔을 것이다. 어쩌면 이것 역시 유전자에 새겨져 있는 것인지도 모르겠다.

chapter 3

여자는 왜?
남자는 왜?

남자와 여자의 행동을
구속하는 것은 무엇일까?

위험한 성형수술까지 하며
아름다워지려는 여자의 심리

아름다움은 생식 능력이 우수함을 나타내는 지표

누구나 부러워하는 아름다운 여성과 결혼하여 고대하던 아이를 얻었는데 웬일인지 아이가 엄마 아빠를 하나도 닮지 않았다. 남편이 의아해하면서 아내에게 "정말 내 아이가 맞아?" 하고 물었다가 아내가 성형미인이라는 사실을 알게 되었다. 충격적이지만 충분히 있을 법한 이야기다.

　남자 입장에서는 사기라도 당한 기분이 들 것이다.

　원래 남자는 생식 능력이 뛰어난 여자를 아름답다고 인식한다. 잘록한 허리와 큰 엉덩이는 수태 능력이 뛰어나다는 증거이며 작은 얼굴과 턱, 부드러운 입술, 위로 봉긋 솟은 가슴은 여성 호르몬인 에스트로겐의 분비가 활발하다는 증거다. 또 균형 잡힌 아름다운 얼굴과 몸매는 면역력이 높아 건강하다는 표식이다. 남자들은 본능적으로 여자의 아름다운 얼굴과 몸매를 통해 건강한 아이를 낳을 수 있는지 가늠해본다.

더불어 아름다운 여자와의 결혼은 일종의 신분 상승과 같은 우월감을 고취시킨다. 미녀와 걸어가면 주위 남자들로부터 부러움의 시선을 받아 지위가 향상된 듯 우쭐한 기분이 든다. 자부심을 자극하는 쾌감이 욕구에 박차를 가하여 남자는 한층 아름다운 미인을 원하게 된다.

그런데 자신이 선택한 여자가 성형미인이라는 사실을 알게 되면 어떤 기분일까? 아마도 배신감에 휩싸여 "이건 너무하잖아!"라며 화를 낼지도 모른다. 하지만 여자는 성형수술을 하면 자신의 원래 얼굴을 잘 기억하지 못한다. 가게를 허물고 새로운 건물을 올리면 그 전에 어떤 가게가 있었는지 기억이 가물가물해지는 것과 마찬가지다. 여자들은 성형수술한 지금의 모습이 진정한 자신이라 생각한다.

여자에게 아름다움은 생존의 수단

특히나 요즈음은 성형수술이 대중화되어 얼굴이나 몸에 메스를 대는 여성이 늘고 있다. 수술대에 오르지 않고 간단히 주사나 레이저로 결점을 고치는 '프티 성형'이 가능해 한층 성형에 대한 거부감도 줄었다. 남자에게 이런 말을 하면 굳이 수술까지 해서 아름다워질 필요가 있는지 의아하게 여길 것이다.

하지만 여자에게 아름다움은 최고의 가치다. 심한 경우 자기 존재에 관한 문제라 해도 좋을 정도다. 이런 배경에는 세상의 남자들은 물론 사회 전체가 여자에게 아름다움을 요구하는 문화가 자리 잡고 있다. 여자는 주변의 시선과 평가에 항상 신경을 쓴다. 그런데 주변의 평가 기준 가운데 첫 번째가 역시 외모다.

남자의 매력에 대한 남자와 여자의 생각 차이

남자가 여자의 외모에 끌린다면 여자는 남자의 어떤 부분에 매료될까? 역시 잘생긴 얼굴일까, 아니면 멋진 몸매일까?

미국에서 남녀를 대상으로 '남자의 매력은 무엇인가?'라는 질문을 했다. 그 결과 남자가 보는 남자의 매력과, 여자가 보는 남자의 매력은 매우 달랐다. 남자들은, 여자들이 남자의 '늠름한 가슴과 어깨', '탄탄한 팔', '큰 성기'에 매력을 느낄 거라고 예상했다. 하지만 여자들이 가장 많이 꼽은 남자의 매력은 '작고 섹시한 엉덩이', '섬세함', '단단한 복근' 등이었으며, 남자들이 상위로 뽑은 요소는 상당히 하위에 있었다.

많은 남자들이 건장한 체격이나 성기의 크기, 정력의 세기에 여자들이 매료된다고 착각하고 있다. 피트니스센터에는 강인한 체력과 울퉁불퉁한 근육을 만들기 위해 운동하는 남자들이 많다. 섹스의 지속력과 발기력을 향상시켜준다는 정력제를 구하거나, 비아그라를 어떻게든 손에 넣어보려고 애쓰기도 한다. '강해지기만 하면 매력적인 남자가 될 수 있다'는 잘못된 생각에 사로잡혀 있기 때문이다.

그런 점을 생각한다면 '아름다워지기만 하면 행복해질 수 있다'는 환상으로 서슴지 않고 성형수술을 하는 여자에 대해 남자들이 이러쿵저러쿵 말할 입장은 아니다.

여자는 외모에 자신감이 생기면 말과 행동이 적극적으로 바뀌면서 한층 매력적으로 변모한다. 이는 생식 연령이 지난 여성 역시 마찬가지다.

남자들도 다이어트와 운동을 해서 불룩했던 배가 들어가거나 꽉 끼던 바지 벨트가 느슨해지면 뿌듯해하며 자랑을 한다. 여자들에게 인기 좋았던(?) 젊고 팔팔한 20대로 돌아간 듯한 기분이 든다. 실제로 노화 방지 차원에서 남자에게 남성 호르몬인 테스토스테론을 사용하면 체지방이 줄어 몸이 탄탄해진다.

단지 많은 남자들은 '남자에게 외모는 중요하지 않다'고 생각하기 때문에 드러내놓고 멋진 몸을 만들려는 노력을 기울이지 않는 것뿐이다. 노년기에 접어들어서도 사랑에 빠진 남성은 멋쟁이가 된다.

결국 남녀 모두에게 아름다움은 성호르몬이 분비되고 생식 능력이 높아지는 것을 의미한다. 그러므로 외모를 가꾸는 것은 성적인 욕구이며, 생활의 에너지가 된다.

미녀를 구하는 영웅이 되고 싶은 남자들의 환상

만약 〈전차남〉의 여주인공이 미녀가 아니었다면

드라마와 영화로 꽤 인기를 끌었던 〈전차남〉에는 지하철 안에서 취객의 난동에 휘말린 미녀를 어느 오타쿠 청년이 용기를 내어 구하는 장면이 나온다. 하지만 이런 의문이 든다. 만약 취객의 난동에 휘말린 여자가 미녀가 아니었다면 과연 청년은 용기를 내어 자리에서 일어났을까?

갑자기 이처럼 분위기 깨는 말을 하는 이유는 일반적으로 남자라는 생물은 미녀를 구하고 싶다는 환상을 가지고 있기 때문이다.

곤경에 처한 미녀를 구하려고 하는 남자의 행동은 생식 능력이 뛰어난 여자를 보호하고 싶다는 의식이 작용한 결과다. 남자는 아름다운 여자를 궁지에서 벗어나도록 도와주는 것만으로도 희열을 느낀다. 물론 이 같은 행동에는 도와주면 당연히 여자가 고마움을 느낄 것이고 자신에게 호의를 가질 것이라는 기대감이 깔려 있다. 즉 생식 능력이 뛰어난 여자에게 자신을 어필할 수 있는 절호의 기회이기에 용기를 발휘하는 것이다.

분명 〈전차남〉에 등장하는 주인공 청년 역시 그런 생각이 무의식 중에 있었기에 아무도 나서지 않는 상황에서 용기를 내어 행동했을 것이다.

도움을 주고받는 사이에 싹트는 '썸'

남녀 사이에 '도움을 준다', '도움을 받는다'라는 상호관계가 형성되면 도움을 받는 쪽보다 도움을 주는 쪽이 상대에게 호의를 갖게 된다. 〈전차남〉에서 여자를 구해준 청년은 차츰 그녀를 사랑하게 된다.

아무래도 남자는 자신이 구해준 여자에게 호의를 갖는 생물인 모양이다.

그리고 여자는, 자신이 위기에서 구한 여자를 좋아하는 남자의 심리를 본능적으로 간파하고 있다. 그 증거로 많은 여자들이 남자에게 도움을 청하는 데 주저함이 없다. 남자에게 도움을 받음으로써 그 상대가 자신을 호의적으로 봐주기를 원하는 것이다.

여자는 마음에 두고 있는 남자에게 적극적이고 의도적으로 도움을 청한다. 유치원이나 초등학교에서도 여자아이가 좋아하는 남자아이에게 다가가서 "이거, 못하겠어. ○○야, 해줄래?"라며 부탁을 한다. 그런데 사실은 혼자서도 충분히 할 수 있는 일인데 일부러 상황을 연출하는 경우도 있다. 이것은 아이들에게만 있는 일이 아니다. 미팅 자리에서 호감을 느낀 남자의 주목을 끌기 위해 괜히 연약함을 어필하는 여성을 볼 수 있다.

이렇듯 여자는 남자에게 도움을 받는 행위에 특별한 의미를 둔다.

남자는 '영웅', 여자는 '구출되는 공주님'

도와주는 남자와 도움을 받는 여자라는 역할 구도는 남자와 여자의 머릿속에 각인되어 있다. 즉 남자는 '어려움에 맞서 싸우는 정의로운 영웅', 여자는 '왕자님이 구출해주는 공주님'이라는 설정은 시대를 초월하여 반복되는 동화다.

간단히 설명하자면 남자는 언제나 영웅을 꿈꾼다. 강한 적에 대항하여 전쟁에서 승리를 거두고 모든 이에게 칭송을 받는 그런 영웅 말이다. 남성 호르몬인 테스토스테론은 공격성을 유발하고 다른 사람 위에 군림하고자 하는 욕망을 자극하는 것으로 알려져 있다. 그래서 남자는 어린 시절부터 멋진 영웅의 이야기를 보고 들으며 그들을 동경하고 주인공에게 자신을 투영한다.

그리고 언젠가는 자신도 영웅 이야기의 주인공이 되고 싶어한다. 지하철에서 곤경에 처한 미녀를 도와주는 행동 역시 어려움에 맞서 승리함으로써 다른 사람에게 영웅으로 보이고 싶은 욕망에서 비롯된 것이다.

한편 여자는 자신을 도와줄 왕자의 등장을 꿈꾼다. 탑에 갇혀 불행한 자신을 구해줄 존재를 기다린다. 《백설공주》, 《신데렐라》 등 여자들이 어린 시절부터 꿈꿔온 이야기에는 불행에서 해방시켜줄 왕자가 등장한다. 여자는 슈퍼맨에게 구출되는 여주인공에게 자신을 투사한다.

그리고 이것은 전통적으로 여자가 외부 세계로 나가기 위해서는 남자의 힘이 필요하다는 것을 의미한다. 여자는 혼자서 아이를 낳고 키울 수 없기 때문에 이웃 사람들과 협력해야 하고 기본적으로 자신이 속한 집단에서 벗어나지 못한다. 그 상황을 바꿔주고 다른 세계로 데려가줄 수 있는 이는 자신에게 호의를 품고 있는 남자뿐이다.

그래서 여자는 자신을 도와줄 남자가 나타나기를 기다리며 더욱 아름다워지려고 노력한다. 여성 호르몬인 에스트로겐을 활성화시켜 피부와 머릿결에 윤기를 주어서 아름답고 건강한 여자임을 과시한다. 즉 생식 능력이 뛰어난 것을 과시하여 남자를 유혹하는 것이다.

의지하기 힘든 남자라는 꼬리표가 붙으면 위험하다

이처럼 여자에게는 구출되는 여주인공이 되고 싶은 잠재적 욕망이 뿌리 깊게 남아 있다. 때문에 여자는 평소에 남자를 보고 판단할 때 '저 사람이 나를 구해줄 수 있는지 아닌지'를 평가 기준으로 삼는다. 다시 말해 자신에게 도움이 되는 존재인가의 여부가 남자의 가치를 결정하는 기준이 되는 셈이다.

그러므로 세상의 남자들은 주의해야 한다.

예를 들어 여자가 당신에게 도움을 청하는데 그것을 무시하거나 눈치채지 못했다고 가정해보자.

여자는 틀림없이 그날 이후로 당신에게 '나를 도와주지 않을 사람', 혹은 곤경에 처했을 때 '손조차 내밀어주지 않을 냉정한 사람'이라는 꼬리표를 붙일 것이다. 어쩌면 이후 몇 년이고 원망을 품고 있을지도 모른다.

남자 입장에서는 너무 야단스럽게 느껴질 수 있지만 여자에게는 구원의 가능성 여부가 그 정도로 중요한 문제다.

여자는 구조 요청의 신호를 보내면 남자가 언제든지 도움의 손길을 내미는 슈퍼맨이기를 바란다. 여자는 의지할 수 있는 남자를 원한다. 외모는 미덥지 못하더라도 위기의 순간에 달려와줄 사람을 바란다.

그러나 요즘은 여자를 구하고 영웅이 될 기회가 거의 없다며 오히려 남자들은 고개를 가로젓는다. 그러나 걱정할 필요 없다! 기회는 얼마든지 널려 있다. 직장에서 당신 옆자리에 있는 여성이 컴퓨터에 문제가 생겨 곤란해할 때, 야근을 하는데도 일을 마무리 짓지 못했을 때, 혹은 집에서 아내가 형광등을 갈아야 하는데 손이 닿지 않을 때나 바닥에 우유를 쏟아 아이가 울고 있을 때 등등 당신이 나설 수 있는 기회는 얼마든지 있다. 남자들은 '정말 그 정도면 되는 거야?' 하고 의아하게 생각할 것이다. 하지만 이런 간단한 일로도 충분히 그녀의 '슈퍼맨'이 될 수 있다.

여자는 그런 도움에도 무척 감격해한다.

다이어트에 목숨 거는 여자들

'다른 여자들처럼 예뻐지고 싶다'

"내 주위 여자들은 모두 얼굴도 예쁘고 몸매도 좋아요. 뚱뚱한 사람은 저뿐이라고요. 저도 날씬하고 예뻐지고 싶어요."

이런 고민을 털어놓는 젊은 여성이 많다. 그러나 실제로 대부분의 여성들은 살을 뺄 필요가 전혀 없을 만큼 날씬하다. 하지만 다이어트에 대한 끝없는 열망 탓에 거식증이나 과식증 같은 섭식장애에 걸리는 경우도 적지 않다.

여자는 왜 그토록 살에 집착할까?

이들의 특징은 '살을 빼고 싶다'는 마음보다 '다른 사람들처럼 예

빠지고 싶다'는 마음이 강하다는 것이다. '다른 사람'과 비교한 자신의 모습에 집착하는 것이다.

앞에서도 말했듯이 여자는 주위 평가에 예민하다 싶을 정도로 신경을 쓴다. 특히 외모에 대한 평가는 여자의 자존감을 좌우할 만큼 중요하다. 그래서 여자는 자신이 속한 집단에서 누가 더 아름다운지를 두고 다른 사람과 자꾸 경쟁하게 된다. 경쟁한다고 해서 특출 나게 외모가 빼어나기를 바라는 것은 아니다. 다른 사람보다 '조금 더' 아름다운 외모를 원한다.

수렵 채집 시대에 남자들이 사냥을 떠나면 여자들은 서로 결속을 다지며 마을을 지켰다. 그래서 여자는 집단의 힘을 잘 알고 있다. 울타리 밖으로 밀려나면 혼자서 살아갈 수 없다. 여자들의 무리는 수평적 관계를 원칙으로 하며 너무 눈에 띄게 아름답거나 지나치게 초라하면 돌출되고 만다. 그래서 여자는 너무 눈에 띄거나 혹은 너무 뒤떨어지지 않게 다른 사람과 비슷한 정도의 아름다움을 유지하기 위해 애쓴다.

즉 사람들과 비교했을 때의 위치가 자기 평가와 직결된다는 의미다.

또한 여자들이 '살을 빼면 젊어 보인다', '살을 빼면 아름다워진다'고 생각하는 데에는 그래야만 남자의 관심을 끌 확률이 높아진다는 계산이 깔려 있다. 앞에서 말했듯이 남자들이 젊고 아름다운 여자를 적극적으로 도와주고 싶어한다는 사실을 여자들도 무의식중에 인지하고 있기 때문이다.

여자는 왜
과묵한 남자를 싫어할까

말주변이 없는 남자는 외면당하는 세상

한때 '남자라면 말없이 삿포로맥주'라는 광고 카피가 인기를 끌었다. 그때만 해도 '과묵한 남자가 멋진 남자'라는 인식이 일반적이었다. 또한 다카쿠라 겐(일본의 국민배우. 우리나라에서는 영화 〈철도원〉의 주인공으로 알려져 있다 — 옮긴이)처럼 말없이 모든 것을 등으로 표현하는 듯한 마초적인 매력이 남자의 조건 중 하나로 여겨졌다.

지금은 어떨까?

남자도 말주변이 좋고 재미있어야 인기를 끄는 시대가 되었다. 공적인 자리에서도 말을 잘하는 사람이 인정받는다. 조리 있고 유창하게 말하는 사람이 훨씬 유능해 보인다. 묵묵히 일만 해서는 출세하기 어렵다. 여자 역시 말주변이 없는 남자는 잘 주목하지 않는다. 다카쿠라 겐처럼 아무리 등으로 슬픔을 표현해도 입으로 설명하지 않으면 알아주지 않는다. 말을 잘 못하는 남자는 결혼은커녕 연애할 기회조차 잡기가 힘들다.

요즈음은 중년 아저씨라도 살짝 '나쁜 남자' 분위기를 풍기거나 세련된 외모에 말을 잘하면 인기가 있다.

도대체 세상은 왜 이렇게까지 과묵한 남자를 외면하게 되었을까?

남자의 뇌는 수다에 적합하지 않다

여자들은 입을 모아 이렇게 말한다.

"과묵한 남자는 지루해."

"말을 재미있게 하는 남자가 좋아요."

"대화할 때 즐거운 사람이 좋아."

여자 뇌는 언어 구사 능력이 뛰어나다. 특히 감정에 기초한 대화는 남자보다 훨씬 빠르고 생생하다. 여자는 좌뇌와 우뇌를 이용해서 쉴 새 없이 말을 할 수 있다. 그리고 수다를 떨면 쾌감 호르몬인 도파민이 분비되므로 여자는 평소에 대화를 통해 도파민이 분비되도록 해야 한다. 그렇지 않으면 불만과 스트레스가 쌓인다. 그러므로 남자가 여자의 대화에 맞춰 적극적으로 응해주는 것만큼 즐거운 일도 없다. 여자들이 한결같이 '재미있는 남자'를 원하는 이유다.

하지만 그렇다고 해서 여자들이 "재미없는 남자는 안 돼"라고 말하는 것을 당연하게 받아들여야 할까?

남자의 뇌는 구조적으로 수다에 적합하지 않다.

남자는 좌우 뇌의 역할 분담이 비교적 분명하게 나뉘어 있고 사물을 논리적으로 구성하거나 전문성 높은 분야의 연구에 뛰어나다. 따라서 남자가 말할 때 논리적이고 이성적인 판단을 관장하는 좌뇌를 사용하면 여자에게 뒤지지 않는다. 하지만 남자는 좌우 뇌를 연결하는 통로가 여자보다 작다. 그래서 양쪽 뇌를 사용하여 감정을 담아 말하는 여자처럼 지속적으로 말을 하지는 못한다. 이는 남자들이 여자들처럼 대화를 계속 이어가려면 더 많은 노력이 필요하다는 의미이다.

그래서 남자는 '이 정도는 말하지 않아도 알겠지'라고 생각되는 부분은 되도록이면 그대로 넘어가려 한다. 굳이 말로 하지 않더라도 상대방이 자발적으로 이해해주기를 바라는 것이다. 남자는 대화 주제가 그다지 말할 필요가 없는 내용이면 대화에 적극적으로 응하지 않는다. 필요 없는 말을 하는 것은 시간과 노력을 낭비하는 일이기 때문이다. 여자처럼 감정이 가는 대로 두서없이 계속 수다를 늘어놓는 것은 무의미한 일이며, 그런 수다에 동참하는 것은 시간 낭비라고 생각한다.

이와 같이 남자 뇌는 기본적으로 가능하면 말하지 않고 끝내고 싶어한다. 사람들과 어울려 대화를 나누어야 하는 상황을 몹시 힘들어하는 남자도 적지 않을 것이다. 여자와 교제는 하고 싶지만 수다에 응하는 것이 귀찮아서 또는 힘들어서 대화를 거부하는 경우도 있을 것이다.

즉 남자와 여자는 수다에 대한 생각이 근본적으로 다르다.

이는 남자와 여자의 뇌 구조가 다른 데서 오는 차이다.

제1장에서 설명했듯이 부정적인 감정과 연결된 뇌 활동은 여성의 경우 언어를 관장하는 대뇌피질에 집중되어 있는 반면, 남성은 정서를 관장하는 대뇌변연계의 편도체에 집중되어 있다.

나의 진료실을 찾아오는 남성들이 감정 표현에 서투른 것은 뇌 구조상 당연한 일이다. 남자들은 자신의 감정을 설명하는 것보다 사실관계를 설명하는 편이 훨씬 쉽다. 감정과 연결된 뇌를 억지로 열려고 하면 오히려 그를 난처하게 만들 수 있다. 부정적인 감정을 떠올리면 남자는 오히려 말수가 줄어든다. 뇌가 닫히는 것이다. 여자는 부정적 상황에 있으면 뇌가 열리고 말을 많이 한다.

이처럼 선천적으로 뇌의 구조가 달라서 발생하는 문제인데, 무조건 '말도 잘 못하는 남자는 별로!'라는 식으로 매도해버리면 남자들은 더욱 궁지에 빠지고 만다.

적어도 15분간 대화할 수 있는 기술을 익히자

그렇다면 도대체 어떻게 해야 남녀 사이의 의사소통의 문제를 극복할 수 있을까?

남자와 여자가 상대의 뇌 구조를 이해하고 양보하며 맞춰가는 것이 무엇보다 중요하다.

여자는 먼저 '남자는 수다에 서투르다'는 사실을 알아야 한다. 두 사람 사이에 대화가 적은 것은 특별히 남자가 냉정해서가 아니다. 먼저 이 점을 제대로 이해한 뒤에 남자의 대화 속도를 존중해주고 그 속도에 맞추는 노력을 해야 한다. 말하지 않는다고 질책해서는 안 된다.

남자는 대화 기술을 익히기 위해 더욱 노력해야 한다. 여자의 수다 속도에 무리해서 맞출 필요는 없다. 그러나 최소한의 대화조차 나누지 않는다면 두 사람의 관계는 진전되지 않으며 관계 개선도 힘들다. 여자는 일정 시간 자신의 이야기를 들어주지 않으면 상대를 '차가운 성격'으로 받아들인다. 그러므로 짧은 시간이라도 좋으니 말하는 기술과 듣는 기술을 배워야 한다.

그러면 짧은 시간이란 어느 정도가 적당할까?

개인적인 생각으로는 15분 정도가 적당할 듯싶다.

보통 내가 상담할 때도 환자에게 먼저 15분 동안 하고 싶은 말을 하게 하면 대체로 만족스러워한다. 그러므로 적어도 15분 동안 여자와 대화를 나누고 분위기를 맞춰주는 것을 목표로 삼으면 좋을 것이다.

2시간이고 3시간이고 계속 여자의 수다에 응해주다가는 아마도 녹초가 될 것이다. 그러나 여자와 말할 때 머릿속이 하얘지고 혀가 꼬이는 사람이라도 최소 15분 동안 버틸 수 있다면 상당히 희망적이라 할 수 있다.

여자는 대화가 너무 없으면 스트레스를 받고, 남자는 대화가 길어지면 스트레스를 받는다. 각자 의사소통에 대한 생각이 다르다. 남자도 여자도 이 점을 잘 기억해두자.

거식증에 걸리는 여자 VS
자기만의 세계에 빠지는 남자

여자는 섭식장애, 남자는 은둔형 외톨이

흔히 오늘날을 양극화 사회라고 한다.

운과 재능을 타고난 소수의 성공한 사람이 부를 차지하고, 승자가 되지 못한 대부분의 사람들은 좀처럼 기회를 얻지 못하고 제대로 보답받지 못하는 생활을 지속해야 한다.

더불어 양극화 사회는 극심한 경쟁에 패하고 의욕을 상실한 수많은 젊은이를 양산했다. 이른바 니트족이라 불리는 부류다. 최근 몇 년 사이 우리 클리닉에도 이런 젊은이들이 꽤 많이 늘었다.

이들은 하나같이 심신의 이상을 호소한다. 치열한 경쟁사회에서 살아남기 위해 고군분투하는 과정에서 과도한 스트레스를 견디지 못하고 몸과 마음의 균형이 무너진 것이다. 이런 경우 보통 스트레스에서 벗어나기 위해 '스트레스 회피 행동'을 하게 되는데, 남자와 여자의 유형이 다르다.

여자는 스트레스를 심하게 받으면 먹는 행위에 문제가 발생하는 경우가 많다. 과격한 다이어트나 혹은 폭식에 빠지며 개중에는 위험한 섭식장애를 앓는 경우도 나타난다. 남자는 스트레스 요인들로부터 도망치기 위해 바깥세상으로 나가지 않는 사람이 많다. 심한 경우 외부와 완전히 단절한 채 방 안에 틀어박혀 지낸다. 즉 경쟁에서 패한 여자는 섭식장애에 걸리고, 경쟁에서 밀려난 남자는 은둔형 외톨이가 되는 경향이 강하다.

영국의 심리학자 제프리 앨런 그레이가 실시한 쥐 실험에서, 수컷이 암컷보다 스트레스에 대한 감수성이 높았으며 더 큰 공포를 보였다. 일례로 상부를 개방한 덮개 없는 상자에 쥐를 넣고 이동 횟수를 측정했더니 암컷 쥐는 가끔 상자 가운데까지 나와 탐색을 하지만, 수컷 쥐는 한쪽 구석에 웅크리고 움직이려 하지 않았다.

또 요코하마시립대학의 다나카와 미국의 심리학자 레빈의 실험에 따르면 수컷 쥐는 단기간의 스트레스에는 대응을 하지만, 스트레스가 장시간 길어지면 주위에 흥미를 보이지 않고 시각·공간 지각력과 기억력까지 떨어진다는 사실이 밝혀졌다. 이에 비해 암컷 쥐는 스트레스에 노출되어도 주위에 대한 흥미를 잃지 않을 뿐만 아니라 심지어 시각·공간 지각력과 기억력이 상승하는 경우도 발견되었다.

특히 싸움에서 진 경우에는 패배 스트레스라고 하는 압박이 가해진다. J. 헬러가 햄스터를 대상으로 실시한 실험에서 싸움에서 밀려난 수컷 햄스터는 자기 영역을 방어하기 위한 어떠한 공격도 시도하지 않았다.

경쟁하지 않아도 되는 '안전한 장소'를 찾아서

스트레스 회피 행동은 경쟁에서 밀려났을 때나 이길 자신이 없을 때, 또는 경쟁에 내몰리는 것이 싫을 때 스트레스의 영향이 미치지 않는 안전한 장소로 도피하려는 행동이다.

여자의 도피처는 아름다움과 젊음이다. 앞에서 언급했듯이 여자는 '젊고 예뻐지기만 하면 모두들 날 부러워할 거야', '젊고 예뻐지면 경쟁에서 살아남아 행복해질 수 있다'고 굳게 믿고 있다. 하지만 외모 경쟁에서 패하면 '내가 더 젊고, 더 날씬했더라면 이길 수 있었다'라는 강박관념에 사로잡혀 호리호리한 체형이 될 때까지 살을 빼려고 한다. 앙상하게 마르면 사람들이 어린아이를 돌보듯 자신을 지켜주고 도와줄 것이므로 굳이 힘든 경쟁을 할 필요가 없다고 생각하는 것이다. 그래서 여자는 자신이 믿고 있는 가장 안전한 상태가 되기 위해 식사를 거부하고 과도하게 살을 빼려다가 거식증에 걸린다.

한편 남자에게 가장 안전한 장소는 자신의 집 또는 방이다. 사냥하러 밖으로 나가야 하는 숙명을 진 남자에게 집 밖은 말 그대로 전쟁터다. 전쟁터에서 살아남기 위해 학교에서, 회사에서 끊임없이 경쟁해야 한다. 치열한 생존 경쟁에서 벗어나는 가장 좋은 방법은 아예 전쟁터에 나가지 않는 것이다. 밖에 나가지 않으면 싸우다 상처 입는 일도 없을 것이고, 싸움에 져서 자존심이 산산조각 난 비참한 모습을 다른 사람에게 보여주지 않아도 된다. 계속되는 경쟁에 몸과 마음이 피폐해진 남자는 결국 가장 안전한 장소인 자신의 방에 틀어박혀 나오려 하지 않는다.

스트레스가 영향을 미치지 못하는 안전한 장소란 치열한 경쟁사회와 상관없는 곳을 의미한다. 여자는 어린아이처럼 마르고 작아짐으로써, 남자는 외부와 접촉을 끊고 자기만의 세계에 갇혀 지냄으로써 스스로를 보호하려 한다.

여자는 아이를 낳을 수 없고, 남자는 유전자를 남길 수 없다

이런 상황에서 문제가 되는 것은 경쟁사회를 거부하는 회피 행동으로 인해 남자와 여자가 태어날 때부터 지니고 있는 '성(性)'을 포기하게 된다는 점이다. 거듭 말했듯이 여자는 아이를 낳고 키우는 성이고, 남자는 씨를 뿌리는 성이다. 그런데 태어날 때부터 주어진 이 성역할을 수행하지 못하는 사태가 벌어진다.

간단히 설명하면 다음과 같다.

먼저 여자의 경우를 살펴보자. 섭식장애를 앓게 되면 여성 호르몬인 에스트로겐이 감소하고, 영양 결핍으로 피부가 거칠어지고 머리카락에 윤기가 사라진다. 지방이 줄어서 가슴도 작아지고 엉덩이도 납작해지며, 생리와 배란이 멈추어 임신이 안 된다. 에스트로겐 수치가 낮아지면 뇌 기능까지 떨어져 집중력을 비롯해 기억력과 의욕도 저하된다. 즉 여자로서의 생식 기능은 물론 여성스러운 아름다움과 인간으로서의 능력까지 포기하는 셈이다.

거식증에 걸린 여성은 어린아이처럼 깡마른 체형이 될 때까지 살을 빼려고 한다. 신체가 성숙하지 못한 어린아이는 당연히 생식이 불가능하다. 거식증에 걸린 여자들은 생식 기능을 포기하면서까지 안전한 상태(어린아이)로 있기를 희망한다. 이들에게 '성인 여성이 되는 것=경쟁사회에서 사는 것'을 거부하는 것이다.

다만 여자아이가 거식증에 걸리는 이유는 이것만으로는 설명이 불충분하다. 거식증에 걸리는 여자아이는 독립심이 강하고 학교 성적이 우수하며 외모도 빼어난 경우가 많다. 이 정도면 경쟁력이 있으므로 '치열한 싸움에 밀려서'라든가 '도움을 받고 싶어서'와 같은 이유는 성립하지 않는다.

사춘기 전 여자아이는 자신의 몸이 남자아이와 같다고 생각한다.

그리고 남자아이처럼 모험의 세계로 여행을 떠날 수 있다고 생각한다. 하지만 비대해진 자아는 월경이라는 상황에 직면하면서 맥없이 무너져내린다. 자신의 신체가 의지와 상관없이 임신과 출산이라는 목적을 가진다는 것을 깨닫게 된다. 이는 자신의 가능성을 끝없이 위협받는 것과 다름없다. 여자아이는 그 사실을 받아들일 수 없다. 그래서 자신의 몸을 혐오하게 되며 극단적인 경우 거식증이라는 신체 파괴 행위를 보인다. 어차피 남자가 될 수 없다면 중성이라도 되고 싶다. 중성이 되기 위해 밥을 굶고 살을 빼서 생리를 중단시킨다.

구로카와 이호코의 저서《연애 뇌: 남자와 여자는 마음이 왜 이렇게 엇갈릴까》에 따르면 거식증은 자아의 재구성에 실패한 자기파괴 행동이다. 자신이 세계의 중심에 있고, 모든 관심이 스스로에게 집중되어 있는 여성의 뇌는 일찍부터 내면의 감정을 살피는 동시에 주위 사람들의 평가에 민감하다. 즉 '자아가 비대'해져 있다. 여성의 뇌가 성장하여 성인이 된다는 것은 비대해진 자아가 균형을 이루어가는 과정이라고 한다. 비대해진 자아는 모든 것이 자기중심적이고 감정적으로 행동하게 하므로 당연히 사회에서 충돌을 빚는다. 이 때문에 자아를 재구성하는 것이다.

그러면 남자의 경우는 어떨까?

은둔형 외톨이는 사회와의 접촉을 거부하는 것이지만, 이는 바꿔 말하면 '밖으로 나가서 자신의 씨를 뿌리는' 행위를 포기하는 것과 같다. 외부와 접촉을 끊으면 여자를 만날 수도 없기 때문에 유전자를 남기지 못한다. 그러나 이들은 설령 남성의 성 본능을 수행하지 못한다 해도 자기만의 세계에서 사는 쪽을 선택한다.

참고로 남성 호르몬인 테스토스테론은 성공해서 출세하려는 욕구를 부추긴다. 그러므로 사냥터나 회사라는 전쟁터에서 경쟁을 벌이는 것은 태어날 때부터 입력되어 있는 남자의 성 본능이다. 하지만 은둔형 외톨이 남자는 자신이 그 역할을 완수하지 못하리라 생각하기 때문에 완고하게 전쟁터에 나가기를 거부한다. 사회로 나가 경쟁하는 남자 본연의 역할을 거부하는 것이다.

거부권을 발동한 젊은이들

이와 같이 경쟁에서 패배한 여자는 출산과 육아를 담당하는 성을, 남자는 씨를 뿌리는 성을 포기한 채 살아가려 한다. 태어날 때부터 주어진 성의 본성을 외면하고 오로지 무자비한 생존 경쟁에서 벗어나려는 것이다. 이것은 자신의 유전자를 남기기 위한 경쟁을 포기하는 일이며 아이를 낳지 않겠다는 의미다.

다시 말해 생물학적으로 인간이 살아가는 이유는 자신의 유전자를 후세에 남기는 것인데 그것을 회피하는 것이다. 이는 인간의 생물학적 활성을 눈에 띄게 저하시키는 결과를 불러온다. 수컷이 수컷으로서, 암컷이 암컷으로서 사는 의미가 희미해지고 살기 위한 생명

력, 즉 성욕이 저하된다.

그러므로 사회는 남자와 여자가 자아를 되찾고 성(性)을 기꺼이 누릴 수 있도록 방안을 모색해야 한다.

거식증이 완치되면 비로소 여자아이는 깨닫게 된다. 여성성을 부정하는 것보다 여성성을 긍정하는 편이 훨씬 살기 쉽고 얻는 것도 많다는 사실을. 그리고 여성성을 인정해도 모험은 끝나지 않는다는 사실을. 오히려 자신이 상상조차 하지 못했던, 그리고 남자는 결코 알지 못하는 새로운 세계를 모험할 수 있다는 사실을 알게 된다. 자아가 재구성된 뒤에도 일생에 거처 자아 정립이 이루어진다.

은둔형 외톨이에서 벗어나면 남자 역시 깨닫게 된다. 세상에는 다양한 가치관이 존재하며 자신이 얼마나 세상에서 쓸모 있는 인간인지를.

다음 장에서는 이런 문제를 바탕으로 남자와 여자가 인생에서 충돌하지 않고 살아가는 방법에 대해 살펴보도록 하겠다.

chapter 4

남자와 여자는
왜 자꾸만
어긋날까?

오늘날 남녀가
함께 행복해질 수 있는 해법은?

남자와 여자는 꿈꾸는
결혼관이 다르다?

남자와 여자는 영원한 평행선?

결혼 못하는 남자와 결혼하지 않는 여자가 늘고 있다.

주변을 살펴보면 30~40대 가운데 미혼인 남자와 여자가 제법 많을 것이다. 회사 동료, 학교 친구, 가까운 친척 중에도 결혼하지 않은 사람이 꼭 있다. 출산율 저하가 사회문제가 되는 것을 피부로 실감하게 된다.

나의 클리닉을 찾아오는 환자 중에도 미혼 남녀가 적지 않다. 그런데 이들의 이야기를 들어보면 특별히 독신주의도 아니다. 남자와 여자 모두 결혼하고 싶은 마음이 있지만, '언젠가 때가 되면' 하고 생각하다 보니 시기를 놓치고 만 것이다.

전형적인 유형을 보면 이러하다.

먼저 결혼하지 않은 여자 중에는 직업을 가지고 있는 사람이 많다. 일을 좋아하고 그에 상응하는 경력을 쌓기는 했으나 문득 돌아보니 제법 나이를 먹게 된 유형이다. 그녀들은 좋은 남자만 있으면 언제든 결혼하겠다고 말한다. 하지만 안타깝게도 눈이 높다. 연봉, 외모, 학력, 같은 취미와 가치관 등등. 거의 불가능에 가까운 조건을 내걸고 주위에 이런 남자가 없다고 한탄한다.

"나도 결혼하고 싶어요. 하지만 정말 이 남자라면 결혼해도 되겠구나 싶은 인연을 만나지 못했어요."

그렇다면 남자의 경우는 어떨까?

결혼하지 않은 남자들 중에는 역시 말주변이 없고 잘 눈에 띄지 않는 성격이 많다. 주어진 일은 성실하게 해내고 성격도 원만하다. '언젠가 결혼하겠지'라고 생각했는데 시간만 무심히 흐르고 아무 일도 생기지 않았다. 결혼 상대를 찾는 노력을 하는 것도 아니고, 이렇다 할 교제 경험도 없이 지내다 정신을 차리고 보니 어느새 제법 나이가 들어버렸다. 이런 유형 가운데 만화나 애니메이션 마니아인 오타쿠가 적지 않다. 자기만의 세계에 빠져 생활하는 것이 좋아서 굳이 결혼하지 않아도 괜찮다고 생각한다. 특히 아키하바라 지역을 중심으로 활동해서 아키바계(系)라 불리는 부류 중에서 이런 경향이 두드러진다.

이들의 얘기는 이구동성 똑같다.

"이러다가 결혼을 못할지도 모르지만, 그렇다고 해도 상관없어요. 억지로 결혼하느니 지금 이대로 사는 것이 훨씬 편해요."

이처럼 결혼하지 않은 데는 모두 나름의 이유가 있다.

그러나 남녀 모두 이런 마음가짐으로는 결혼하기 힘들다. 목표로 하는 비전이 달라도 너무 다르다. 각자 엉뚱한 방향을 향하고 있어서 이대로는 서로 만날 일이 거의 없을 것이다.

도대체 남자와 여자가 추구하는 인생은 왜 이렇게 다를까?

이상적인 이성상에 휘둘리는 남자와 여자

남자와 여자의 간극이 이렇게 벌어진 이유 중 하나는 여자의 사회 진출 때문일 것이다.

지금 시대는 여자도 남자에게 의지하지 않고 스스로 생계를 꾸려나갈 수 있다. 자기 한 사람 정도는 얼마든지 생활이 가능하며 업무 이외의 시간을 모두 자신에게 투자할 수 있다. 다른 사람을 위해 시간과 노력을 기울일 필요가 없고 그에 따른 스트레스도 없다. 자유에서 오는 쾌적함을 충분히 만끽한다. 선천적으로 셈이 빠른 여자는 당연히 결혼의 이점과 현재 생활의 이점을 저울에 올려놓고 비교할 터이고, 상당히 매력적인 남자가 나타나지 않는 한 이를 쉽게 포기하지 않는다. 때문에 결혼에 대해 한층 신중한 태도를 취하게 되고 다가오는 남자에게 더 높은 장벽을 세운다.

앞에서 여자는 남자에게 구출되기를 바라는 존재라고 했다. 이는 지금도 다르지 않다. 하지만 일하는 여성의 사회적 지위가 높아진 요즈음, 여자들이 이를 포기하면서까지, 혹은 그 지위를 유지하면서 다른 세계로 가는 모험을 하도록 만들기 위해서는 남자들도 상당한 에너지가 필요하다. 이젠 여자를 구출하는 것도 꽤 힘들어졌다.

설상가상 높은 장벽만 보고 지레 겁을 먹고 의욕을 상실하는 남자들이 적지 않다. 여자들은 하나같이 자신의 이상에 맞는 남자가 없다고 말하지만 남자들은 여자의 이런 태도에 자신감을 잃는다. 여자가 자신의 이상형과 비교하면서 연수입이 적네, 가치관이 다르네 하며 꼬투리를 잡으면 특히 자존심이 강한 남자로서는 견디기 힘들다. 그래서 남자는 도전해보기도 전에 거절당할 것이라 단정 짓고 자존심에 상처 입는 것이 두려워 아예 다가가지도 않을뿐더러 관심을 보이지 않는다.

또 오타쿠 소리를 듣는 남자들 중에는 실제로 여자와 의사소통하는 것을 포기하고 애니메이션이나 피규어 등 가상 세계에서 이상적인 여성상을 찾는 경우도 있다. 현실을 외면한 채 자기만의 세계에 몰두하는 것이다. 현실에서는 자신감이 결여되어 여자에게 다가가지 못하는 남자도 가상의 세계에서는 우월감을 만끽할 수 있다.

결국 여자는 현실에 없는 이상형의 남성을 언제까지나 기다리고 있고, 상처 입은 남자는 있지도 않은 이상형의 여성상을 마음속에 만든다.

이렇게 남자나 여자나 가상의 이상형에 빠져 있는 모습을 보노라면 현실에 존재하지 않는 허상에 놀아나고 있는 듯한 느낌이 든다. 허상에 휘둘리다가 어느덧 나이를 먹고, 막다른 골목까지 몰리게 된다면…….

행복의 비전을 타협하자

막다른 골목에 몰린 남녀가 조언을 구하면 나는 항상 "아무것도 시도하지 않으면 어떤 일도 생기지 않습니다. 결혼을 해보지 않으면 인생의 많은 부분을 놓칠 수 있지요"라고 말한다.

결혼 못한 남녀는 정도의 차이는 있지만 이성과의 접촉을 기피하는 경향이 있다. 여자는 '내가 꿈꾸는 남성상과 맞지 않으니 저 사람은 안 돼. 공연히 만나봤자 서로 피곤하지'라며 일찌감치 만남의 기회를 차단한다.

남자는 '말을 걸어봤자 자존심만 상할 뿐이야'라고 멋대로 짐작하여 위축된다. 그리고는 아예 여자들과의 접촉을 회피한다. 즉 남녀 모두 고슴도치처럼 잔뜩 가시를 세우고 더는 가까이 오지 못하게 경계선을 긋는다.

그러나 이런 자세로 아무리 이성을 기다린들 진정으로 나를 이해해줄 상대는 나타나지 않는다. 애초에 그런 사람은 존재하지 않기 때문이다. 가시로 무장한 갑옷을 벗지 않으면 아무 일도 생기지 않으며 아무것도 달라지지 않는다. 변화를 원한다면 스스로 경계를 뛰어넘어 타인과 적극적으로 관계를 맺으려 노력해야 한다.

본디 행복이란 혼자 만들어가는 것이 아니다. 다른 사람과 관계를 맺는 과정에서 느끼는 것이다. 그리고 상처 입는 것을 두려워하지 않고 상대에게 진심으로 다가가야 관계가 형성된다. 상처받는 것을 두려워해서는 영원히 행복을 잡을 수 없다. 이 세상에 대가 없이 주어지는 것은 아무것도 없다.

그러므로 남자와 여자는 일단 무장해제한 뒤에 서로 엇갈린 행복의 비전을 지혜롭게 타협할 필요가 있다. 결혼 전에 아무리 주의 깊게 비전을 타협해도 막상 결혼하면 원만하게 풀리지 않는 일이 수두룩하다. 전혀 예상하지 못했던 배우자의 못마땅한 점도 보이기 시작한다. 마찬가지로 나의 결점 역시 적나라하게 드러난다. 하지만 그것이 두려워서 의사소통을 거부하면 남녀 사이에는 아무런 감정의 싹이 트지 않는다. 일단 결혼해보고 정말 아니다 싶으면 헤어지면 된다.

지금 일본은 2분 2초마다 부부 한 쌍이 이혼한다(2006년 인구동태 통계 연간추계, 후생노동성). 참고로 이혼하는 부부 중 결혼 기간이 5년 미만인 경우가 34.8퍼센트이고, 5년 이상인 부부의 이혼율은 점차

줄어들고 있다(2006년 인구동태통계 월보년계 후생노동성). 결혼해서 5
년이면 기본적으로 서로를 파악하는 데 적지 않은 시간이다. 5년 동
안 같이 살 수 있었다면 그 뒤에 고비가 닥쳐도 그럭저럭 극복하고
살아갈 수 있지 않을까 생각한다.

전원생활을 꿈꾸는 남편 VS 거부하는 아내

꿈에 대해 상의하려던 것이 이혼 상담이 되다!?

"사실은 나 회사 그만두고 하고 싶은 일이 있어. 시골에 내려가서 살아보고 싶어. 수입원도 생각해뒀고, 이미 땅도 알아봤어. 퇴직금으로 그곳에 통나무집을 지었으면 하는데 어때?"

갑작스럽게 아내에게 이런 계획을 털어놓는 남자들이 늘고 있다고 한다.

베이비붐 세대의 대량 정년퇴직의 영향도 있을 것이다. 도시에서의 직장생활을 깨끗이 정리하고 시골에 가서 오래전부터 품고 있던 꿈을 실현하겠다는 것이다.

오랜 꿈을 열정적으로 설명하는 남편에게 아내는 어떤 반응을 보일까?

남편의 계획을 전부 이해해줄 여자는 아마 소수일 것이다. 대부분의 아내는 틀림없이 냉담한 시선으로 쳐다보면서 "왜 당신의 꿈에 나까지 포함되어야 해? 시골로 이사하자고? 난 절대로 반대야"라는 반응이 대부분이지 않을까? 심한 경우 "당신이 무슨 일이 있어도 정 그러고 싶다면 우리 이혼해!"라고 냉정하게 몰아세울 것이다.

이런 인생의 고비를 맞게 되면 여자는 만만치 않으니 조심하는 편이 좋다. 꿈에 대해 상의하려던 것이 이혼 상담이 되다니 웃으려야 웃을 수 없는 이야기다.

남편의 꿈 청경우독, 그러나 아내는 우울증이 딱!

여자에게는 남자의 이런 꿈 이야기가 그리 달갑지 않다.

설령 남편의 꿈을 이해해준다 해도 여자가 현재의 안정된 생활을 포기하는 것은 힘들고 불안한 일이다. 남자는 그런 아내를 설득하기 위해서 상당한 시간과 노력을 투자해야 할 것이다.

간신히 아내를 설득해서 전원생활을 시작하게 되었다고 해도 실제 생활을 하면서 여러 문제에 부딪히게 된다.

나의 클리닉에 찾아온 환자 중에도 이런 사례가 있다.

남편의 설득에 마지못해 시골로 이사를 했다가 우울증에 걸린 것이다. 그 여성은 한 달에 한 번 지방에서 올라와 그동안 쌓인 불만을 털어놓는다.

"시골에서는 할 일이 아무것도 없어요. 만나서 수다를 떨 친구도 없고, 쇼핑할 곳도 없어요. 남편은 내게 좋아하는 일을 찾으라고 말하지만 그건 그냥 그 자리를 모면해보려는 소리잖아요. 남편은 농사에 재미를 붙였지만, 저는 어디서 무엇을 해야 좋을지 모르겠어요. 그래서 한 달에 한 번 도쿄에 와서 친구들을 만나 쇼핑을 하고 회포를 풀어요."

남자와 여자가 추구하는 바가 다르다는 사실을 단적으로 보여주는 예다.

남자는 자신만의 편안한 세계를 만들면 그곳에 안주한다. 누구와도 이야기하지 않고 홀로 청경우독하는 생활을 해도 지루하지 않다. 오히려 다른 사람의 간섭을 받지 않고 자신의 세계에 더 몰입할 수 있기를 바란다.

하지만 여자는 다르다.

여자에게는 대화 상대가 없는 세상이란 생각할 수도 없다. 이웃이나 친구, 가게 주인 등 대화를 나눌 상대가 필요하다. 여자는 수다를 떨지 못하면 지루함과 욕구불만으로 순식간에 스트레스가 쌓인다. 그러므로 새로운 지역 사람들에게 융화되어 대화를 나눌 기회를 찾지 못하면 앞의 여성처럼 우울증에 걸릴 수 있다.

꿈꾸던 전원생활이라고 하지만 남녀의 세계관이 다르다는 사실을 간과했다간 새로운 생활은 시작부터 순탄하지 못할 것이다.

여자와 남자는 반응하는 '색'이 다르다

여자가 전원생활을 꺼리는 데는 또 다른 이유가 있다. 그것은 남자와 여자의 시각의 차이 때문이다.

인간은 세계와 사물을 '눈'으로 보는 것이 아니다. 정확히 말하면 '눈'이라는 감각 수용 기관을 통해서 뇌로 본다.

구로카와 이호코의 설명에 따르면 남성의 뇌는 3차원 뇌라서 입체에 강하고 여성의 뇌는 2차원 뇌라서 평면에 강하다고 한다. IQ 테스트에서도 공간 인지 능력에서 남녀의 차이가 나타난다. 남자는 머릿속에서 물체를 떠올리고 그것을 회전시켜 모양을 상상하는 능력이 뛰어나다. 이것은 남자가 공간 인지 문제를 풀 때 우뇌 두정엽을 주로 사용하기 때문이다. 두정엽은 사물을 입체적, 공간적으로 인식하는 기능을 담당한다. 그래서 남자는 넓은 땅에 건물을 배치하고 도시를 세울 수 있다.

한편 여자는 집 안을 아름답게 꾸미는 것을 좋아한다. 여성 화가와 여성 조각가의 수를 비교해보면 여성 화가 쪽이 더 많다.

시골은 주로 자연이다. 자연은 규모가 어마어마한 입체다. 몇 분을 걸어도 풍경이 별로 달라지지 않는다. 그에 비하면 도시는 평면적이다. 도시라는 상자에는 작고 아담한 것들이 많이 담겨 있다. 그래서 여자는 시골에 오래 있으면 무료함을 느낀다.

또 하나 남녀의 시각의 차이는 눈의 망막에 있다. 망막은 빛과 신경신호의 변환 조직이다.

세포는 몇 개의 층으로 나뉘어 있으며, 그중 한 층에는 빛의 수용세포인 간상체와 추상체가 있다. 간상체는 빛의 강약을 감지하지만 색에는 반응하지 않는다. 추상체는 색을 인식한다.

간상체와 추상체는 신경신호를 또 다른 층에 있는 신경절세포로 보낸다. 신경절세포에는 M세포와 P세포가 있어, 각기 다른 역할을 수행한다. 망막 전체에 분포하는 M세포는 간상체와 연결되어 움직임과 방향을 감지한다.

P세포는 시야 중심 부근에 집중적으로 분포하며, 추상체와 연결되어 색과 질감에 대한 정보를 처리한다. P세포가 수집한 정보는 전용 경로를 통해서 대뇌피질의 질감과 색상 분석을 담당하는 부위로 보내진다. M세포가 수집한 정보는 다른 경로로 대뇌피질의 공간 관계와 사물의 움직임을 담당하는 부위로 보내진다. 그런데 해부학자 에드윈 레파트의 연구팀에 따르면 놀랍게도 남성의 망막에는 M세포가, 여성의 망막에는 P세포가 많이 분포한다고 한다.

P세포와 M세포의 차이

	P세포	M세포
연결된 주요 부위	추상체	간상체
주요 분포 부위	망막 중심(시야 중심)	망막 전체(시야 전체, 주위와 중앙)
주로 잘 감지하는 것	색과 질감	위치, 방향, 속도
어떤 질문에 대답할 때 도움이 되는가	"이것은 무얼까?"	"어디에 있어?" "어디로 가고 있어?" "어떤 속도로 움직이고 있어?"
가장 마지막에 전달되는 곳	하측두피질	후두정피질
주로 많은 쪽	여성 (P세포가 더 많다)	남성 (M세포가 더 많다)

　이것이 사실이라면 여자들이 형형색색의 물건을 좋아하는 이유를 이해할 수 있다. 여자는 여러 색깔의 매니큐어 병을 나란히 세워놓는 것을 즐기며, 립스틱의 미묘한 색상 차이를 쉽게 구별한다. 그러나 남자들은 서로 다른 핑크색 계열의 립스틱들을 봐도 모두 똑같은 핑크라고 대답할 것이다. 피치 핑크와 살몬 핑크의 차이를 아는 남자는 거의 없을 것이다. 남자는 M세포의 영향으로 검은색, 회색, 은색, 파란색에 잘 반응한다. 그래서 로큰롤 무대 의상은 주로 검은색 가죽점퍼에 은색 징을 박고 은목걸이에 은팔찌를 즐겨 하는 게 아닌가 싶다.

　남자아이가 선호하는 장난감은 계속 모양을 바꾸는 변형 로봇이고, 여자아이가 선호하는 장난감은 움직이지 않으면서 아기자기 예쁜 바비인형이다. 이런 점을 감안해서 남자의 시선을 사로잡는 요소들을 정리해보았다.

① 바람에 나부끼는 긴 머리카락, 혹은 스카프
② 마스카라를 짙게 칠해 길게 뻗은 깜빡거리는 속눈썹
③ 움직일 때마다 살짝 흔들리는 귀걸이, 특히 반짝이는 것
④ 걸을 때마다 끝자락이 살랑살랑 흔들리는 치마
⑤ 승부수를 던져야 할 중요한 순간에는 검은색 천에 비즈로 수를 놓은 속옷

이야기가 잠시 주제에서 벗어났지만, 여자가 시골에서 사는 것을 싫어하는 이유 중 하나는 색깔 때문이다. 시골에는 색의 가짓수가 적다. 녹색, 회색, 갈색, 파란색이 대부분이다. 남자의 M세포에는 반응하지만, 여자의 P세포에는 반응하지 않는 색들이다. 도시엔 빨간색, 오렌지색, 녹색, 노란색 등 색이 다채롭다. 여자의 P세포는 이에 민감하게 반응하며 즐거워한다. 그래서 여자들은 화장품 판매점이나 액세서리 가게, 장식품 가게, 팬시용품점 같은 화려한 장소를 좋아한다. 아마도 남자들은 견디기 힘든 장소일 것이다.

그러면 시골에 사는 여성들은 어떻게 견디는 것일까? 눈에 갇혀 외출이 힘든 겨울 동안 이들은 각양각색의 천이나 실로 다양한 수예

품을 만들었다. 그렇게 그들은 스스로를 치유했던 것이다.

홋카이도에 사는 나의 친구는 도쿄에 올 때마다 항상 많은 천을 사서 돌아간다. 그리고 긴 겨울 동안 수제 인형을 만들어서 여러 지인들에게 보내준다.

그러니 만약 도시에 살던 주부가 시골에 가서 살 계획이라면, 남편은 일주일에 한 번, 또는 한 달에 한 번은 아내가 도시로 나가는 것을 흔쾌히 허락해주기 바란다. 여자는 도시로 나갈 그날을 기다리며 하루하루를 보내고 있다.

남자는 닫힌 뇌, 여자는 열린 뇌

제3장에서 남자 뇌는 닫힌 뇌이고, 여자 뇌는 열린 뇌라고 했다.

먼저 닫힌 뇌를 살펴보자. 이것은 자기만의 닫힌 세계를 추구하는 남자의 뇌다.

이 닫힌 뇌는 외부로부터 간섭받는 것을 좋아하지 않는다. 다른 사람과 의사소통하는 것을 귀찮아하고, 집단을 이루기보다 혼자 있는 쪽을 선호한다. 또 닫힌 뇌는 자기만의 소우주를 갖고 있다. 그곳은 자신만이 아는, 편안한 세계이자 자기 존재의 출발점이다. 그리고 이 세계를 깊이 추구하는 것을 대단한 쾌감으로 느낀다. 또 한편으로 다른 사람에게 이 세계를 부정당하거나 침해당하는 것을 두려

위한다. 그래서 외부에서 스트레스 같은 강한 압력이 가해지면 편하게 있을 수 있는 자기만의 세계로 도망치려 한다. 극단적인 경우 외부 세계를 의식적으로 차단하고 자신의 세계에 틀어박히기도 한다.

광적인 취미에 빠지거나, 중년이 되어서도 기계를 만지거나 모형 만들기에 열중하는 것 역시 닫힌 뇌의 작용이다. 또 남자가 자신만의 은신처를 원하거나, 시골에서 청경우독하는 생활을 동경하는 것도 이 때문이다. 해부학자이자 곤충학 박사인 요로 다케시가 곤충에 대해 이야기할 때의 표정은 흡사 소년과 같다. 그는 강연하러 갔다가 희귀한 곤충 표본을 받았다면서 아이처럼 천진난만한 얼굴로 돌아온다.

은둔형 외톨이는 압도적으로 남자가 많으며, 자폐증도 남자아이에게 더 많이 나타난다. 이 역시 남자가 태어날 때부터 닫힌 뇌를 갖고 있는 것과 관계가 있으리라 본다.

다음은 열린 뇌를 살펴보자. 열린 뇌는 항상 모든 사람에게 사랑받고 싶어하는 여자 뇌다.

열린 뇌는 일반적으로 다른 사람과 집단을 이루면서 의사소통하기를 바란다. 자신이 본 것, 들은 것을 이야기하고 다른 사람이 본 것, 들은 것을 경청하며 활발하게 정보를 교환하는 행위에서 쾌감을 느낀다. 말하자면 타인을 향해 열린 뇌다. 그리고 열린 뇌는 다른 사람의 눈에 자신이 어떻게 비치는지 매우 신경을 쓴다. 사람들의 주목을 받고 싶어하고 사랑받고 싶은 욕망이 강하기 때문에 주위 평가에 매우 민감하게 반응한다. 그리고 항상 의사소통의 테두리 안에 있지 않으면 따돌림 당하거나 미움을 받을 것이라 생각해 끊임없이 경계한다. 이 때문에 대화가 중간에 끊기는 것을 불안해한다. 열린 뇌는 인간관계가 원활하지 못하거나 다른 사람에게 사랑을 받지 못한다고 느끼면 관계를 회복하기 위해 일부러 다른 사람에게 걱정을 끼치고 관심을 끄는 행동을 하기도 한다.

즉 열린 뇌는 대화가 없는 세상에서는 살 수 없다. 여자에게는 의사소통할 수 있는 공간이 반드시 필요하며, 그래서 자신이 속한 집단을 좀처럼 떠나지 못한다. 타인에게 개방적인 성향은 마음의 병에서도 두드러지게 나타난다. 거식증이나 자기 몸에 스스로 상처를 내는 자해 등으로 잘못된 관심을 끌려고 하는 것도 타인의 시선을 의식하는 뇌를 갖고 있기 때문이 아닌가 싶다.

이성의 다른 세계관에도 호기심을!

그러면 다시 본론으로 돌아가 보자.

닫힌 뇌를 가진 남자와 열린 뇌를 가진 여자는 세계관이 완전히 다르다.

이를 고려하지 않고 남자가 남자만의 이상 세계를 추구한다면 당연히 파트너인 여자는 불만을 터뜨릴 것이다. 반대로 여자가 여자만의 이상 세계를 고집하고 강요한다면 파트너인 남자는 동조하지 않을 것이다.

어느 한쪽으로 과하게 치우치면 불화가 생기는 법이다. 남자와 여자가 서로의 세계관을 존중하고 원만하게 타협해 나가지 않으면 안 된다.

거듭 말하지만 남자와 여자는 다른 뇌, 다른 세계관을 가지고 있다. 하지만 다르기 때문에 남자와 여자는 더욱 서로에게 끌리는 것이다. 남녀가 함께 생활하는 것은 2개의 다른 세계가 결합하는 이문화 교류와 같다.

어떤 주택건축회사가 제안한 '3미터의 배려'라는 캐치프레이즈는 남녀의 차이를 잘 파악하여 만든 광고 문구라고 생각한다. 한 지붕 아래 같이 사는 부부지만 거실에는 남편과 아내의 영역이 있고 그 사이에는 3미터의 거리가 존재한다. 서로 상대의 행동에 대해서 관여하지 않는다. 각자 따로 좋아하는 것을 즐기고, 식사할 때와 외출할 때는 두 사람이 사이좋게(?) 함께 행동한다.

자신의 일은 각자 알아서 하며 상대의 방식을 존중해준다. 또한 공통된 부분은 교류가 원활하게 이루어지도록 노력한다. 힘든 일이나 문제가 생기면 두 사람이 함께 해결 방법을 모색한다. 각기 다른 가치관과 경험을 가지고 있으므로 미처 생각지 못했던 기발한 방법이 떠올라 문제를 쉽게 해결할 수도 있다. 모르는 문화를 알아가는 재미가 있다고 생각하면 훌륭한 상승 효과가 나타난다.

남편의 뜻에 따라 시골로 내려갔던 나의 환자는 5년 뒤에 결국 도쿄에 올 때마다 머물 수 있는 세컨드 하우스를 갖기로 했다. 아내는 일부러 도시에 갈 용건을 만들어 도쿄의 세컨드 하우스에 머문다. 남편은 시골에서 혼자 지내도 전혀 불편해하지 않는다. 부부가 떨어져 지내니 일종의 별거혼이라 할 수 있다. 부부가 함께 생활하는 것이 가장 바람직하겠지만, 정년퇴직한 뒤에는 각자 혼자만의 생활을 즐기다가 이따금 편의에 따라 함께하는 생활방식을 시도해보는 것도 나쁘지 않을 것이다. 세상을 피해 은둔하고 싶은 남자와 뛰쳐나가고 싶은 여자, 두 사람의 바람을 동시에 만족시키는 절묘한 방법이 될 수 있다.

'여자는 위기의 순간에 참 강해'

위기 상황에서 남자는 어디에?

궁지에 몰리면 여자는 남자도 깜짝 놀랄 정도로 강한 면모를 드러낸
다.

    친척의 장례식장을 떠올려보라. 주변을 일일이 살피고, 조문객을
맞이하고, 음식을 준비하는 등 바지런히 일하는 사람은 대부분 여자
다. 남자로 말하자면 우두커니 서 있기만 할 뿐 별로 도움이 되지 않
는다.

    또 백화점 세일하는 날에 경쟁심을 노골적으로 드러내며 상품을
놓고 경합을 벌이거나, 지하철 안에서 빈자리를 발견하였을 때 순간

적으로 돌진하는 힘도 엄청나다. 남자는 그저 여자의 기세에 압도당할 뿐이다.

그 외의 여러 가지 위기 상황을 떠올려보기 바란다.

회사가 갑작스럽게 도산했을 때, 심각한 병에 걸렸다는 진단을 받았을 때, 바람피운 것을 들켰을 때, 중요한 업무 진행 중에 실수를 저질렀을 때 등 예상하지 못한 일이 발생했을 때 남자는 당황해서 우왕좌왕하기 일쑤다. 하지만 여자는 충격도 잠시, 곧바로 안정을 되찾고 어떻게든 위기를 극복해보려 한다.

그리고 남자들은 이 같은 여성의 의외의 강인함에 압도되어 뒤에서 쓴웃음을 지으며 이렇게 속닥거린다.

"위기 상황에선 여자가 참 강해."

스트레스 실험에서 수컷 쥐가 암컷 쥐보다 스트레스에 약하다는 것은 이미 앞에서 언급한 바 있다.

정말로 남자가 여자보다 체력이 강할까?

그러면 여자는 정말 그 정도로 강한 존재일까?

한편 '남자는 여자보다 체력이 강하다'라는 말은 어떨까. 이것은 과학적으로 맞는 말일까?

확실히 근력과 순발력은 남자가 뛰어나다. 아주 먼 옛날 남자는 생존을 위해 매일 사냥을 해야 했고 그만큼 많은 열량을 만들어낼 필요가 있기에 근육 양이 많을 수밖에 없었다. 하지만 지구력은 어떨까? 지구력은 꼭 남자가 우수하다고 단정할 수 없다. 요즈음 마라톤 경기에서 여자 선수의 활약이 두드러진 것에서도 알 수 있듯이 여자는 지구력이 강하다. 여자는 피하지방을 많이 축적하고 있어서 지속적으로 에너지를 생산해낼 수 있다. 눈이 쌓인 산에서 조난당했을 때 여자가 남자보다 살아남을 확률이 높은 것도 이런 이유 때문이다. 그 덕분인지 업무적으로나 스포츠에서 끈기를 필요로 하는 경우에 여자가 큰 힘을 발휘한다.

2004년 아테네 올림픽의 마라톤 경기는 높은 기온으로 선수들을 힘들게 했지만, 특히 후반 오르막길이 최악의 난코스였다. 금메달을 거머쥔 노구치 미즈키 선수도 결승선을 통과한 뒤 대기실로 돌아가자마자 구토를 했다고 한다. 이 소식을 전해들은 남자 선수들은 두려움에 떨어야 했다. 여자 마라톤 선수가 구토하는 경우는 거의 없는데 노구치 선수가 구토를 했다고 하니 남자 선수들은 한층 두렵게 느껴진 것이다.

뿐만 아니라 여자는 활성산소에 강하다. 활성산소가 노화와 각종 질병의 원인이 된다는 사실은 잘 알려져 있는데 여성 호르몬인 에스트로겐이 항산화작용을 하는 덕분에 여자는 그 영향을 비교적 적게 받는다.

이렇게 하나씩 비교해볼 때 단거리에서는 남자의 체력이 강할지 모르나, 인생이라는 장거리 경주에서는 여자가 더 질병에 강하고 수명이 길다. 여자는 아이를 낳고 키워야 하기 때문에 장거리 경주에 강하도록 만들어졌다. 그래서 충격적인 일을 당하거나, 중대한 기로에 놓였을 때 남자는 여자의 강인함에 새삼 놀라게 된다.

'포기할 수 있는 것'에 대한 좁혀지지 않는 남녀의 견해차

그런데 환경 변화에 더 잘 적응하는 것은 여자일까 남자일까? 다시 말해 극한의 생존 조건에 더 강한 쪽은 누구일까?

개인적으로는 여자가 유리하리라 생각한다.

여자는 추위와 굶주림이라는 자연환경의 변화에도 두꺼운 피하지방을 에너지로 삼아 생명을 유지할 수 있기 때문이다. 또한 실험 결과에서도 암컷이 수컷보다 스트레스에 대한 감수성이 낮은 것으로 나타났다.

여자는 살기 위해서 무슨 일이든 한다.

전쟁이 나면 마을이 공격을 받는다. 남자들은 전쟁에 끌려가고 집안의 금품을 모두 빼앗기며 여자들은 폭행과 학대를 겪는다. 살던 곳을 떠나 낯선 타지로 끌려간 부녀자도 있을 것이다. 이런 비극은 인간의 역사에서 끊임없이 되풀이되어왔다.

여자는 나라를 빼앗기고 가족을 잃은 상황에서도 슬픔을 가슴에 묻은 채 어떻게든 살아가려고 애쓴다. 적군의 손에 끌려 이국 땅에 가서도 악착같이 뿌리를 내리고 살아간다. 어떤 환경에서도 여자는 살아남아서 아이를 보살피고 키워낸다.

아마도 남자는 이렇게 하지 못할 것이다.

왜냐하면 남자는 자존심을 버리지 못하기 때문이다. 남자는 지위와 재산, 명예 등 자부심을 가지고 지켜온 것이 무너지면 급격하게 나약해진다. 적의 침략을 받으면 남자는 목숨을 걸고 아내와 자식을 지키려 한다. 하지만 온갖 노력에도 불구하고 결국 모든 것을 빼앗기면 그 충격으로 의욕을 상실한 채 좌절하고 만다. 그러고 보면 회사가 파산하거나 거짓말이 들통 나서 세상 사람들에게 비난을 받는 상황에서 자살을 시도하는 사람은 대체로 남자들이다. 남자로서의 자존심을 잃어버리자 살아갈 희망까지 무너진 것이다.

앞에서 말한 동물 실험에서도 알 수 있듯이 수컷이 암컷보다 스트레스에 약하다. 특히 패배 스트레스는 분노와 두려움이 커서 몸까지 병들게 한다. 위스콘신 대학 영장류연구소의 병리학자인 우노 히데오의 설명에 따르면 서열에서 밀려난 원숭이들은 일찍 죽는 경우가 많으며, 해부하여 사망 원인을 조사해보니 하나같이 심한 위궤양을 앓았던 흔적이 있었다고 한다.

그러나 여자는 회사가 파산했다고 죽음을 택하지 않으며, 주위의 비난을 받는다고 해서 살아갈 희망까지 놓아버리지는 않는다. 여자에게는 생존이 가장 중요하다. 무슨 일이 생겨도 살아서 자식을 돌봐야 하고 유전자를 후세에 남겨야 하기 때문이다. 그래서 살아남는 것을 가장 중요하게 생각하며, 생존을 위해서라면 무슨 일이든 할 각오가 되어 있기에 자존심에 연연해하지 않는다. 여자에게 최고의 강인함은 누가 뭐라 해도 자존심을 버릴 수 있다는 점이 아닌가 생각한다.

즉 남자는 자존심을 지키기 위해서 때로는 귀중한 목숨까지 버린다. 여자는 자식과 함께 살아남기 위해서 자존심을 희생할 수 있다.

남자와 여자는 인생에서 '지켜야 할 것'과 '포기할 수 있는 것'이 다르다.

정년퇴직 이후, 준비됐나요?

이와 같이 남자는 목숨을 걸고라도 자존심을 지키려 한다. 그동안 쌓아온 지위와 신분에 얽매여 그것을 놓으려 하지 않는다. 그러므로 회사에 몸바쳐 일했던 남자들은 정년퇴직한 뒤에도 이전에 누리던 지위에 미련을 버리지 못한다. 과거의 영광을 잊는 것은 쉬운 일이 아니다.

그러나 과도하게 자부심에 집착하는 것은 어떨까?

시대는 급속도로 변하고 환경도 달라지는데 과거의 프라이드에 얽매여 있으면 당연히 뒤처지게 된다. 사람은 프라이드만 갖고는 먹고살 수 없다. 이런 사실을 깨닫고 자신이 환경 변화에도 뒤처졌음을 자각하면서 비로소 '그럼 난 앞으로 어떻게 살아야 하지?'라는 고민을 본격적으로 한다.

특히 정년퇴직은 남자의 인생에서 가장 큰 변화라 할 수 있다. 몇십 년 동안 다녔던 회사를 어느 날부터 갑자기 나가지 않게 되었으니 타성이 붙은 몸과 뇌에도 큰 사건이다. 이런 일대 변화에 당신은 적응할 수 있는가?

남자도 앞으로는 이런 환경 변화에 맞춰 자신을 바꿔야만 한다. 여자는 환경에 맞춰 변화하는 것이 비교적 능숙하다. 유행에 맞춰 옷을 갈아입듯이 시대의 흐름에 맞춰 삶의 방식을 바꿀 수 있다. 남자도 이런 융통성을 가져야 한다.

그렇지 않으면 '젖은 낙엽(정년퇴직한 뒤에 젖은 낙엽처럼 아내에게 달라붙어 귀찮게 하는 남편을 말한다. ─ 옮긴이)' 취급까지는 아니어도 아내가 싫어하거나 귀찮아할 수 있다. 설상가상 그동안 아내의 불만이 가득 쌓인 상태라면 정년퇴직을 계기로 이혼을 요구할 수도 있다. 어쨌든 여자는 위기 상황이 닥치면 놀랄 정도로 강인함을 발휘한다. '저기가 안 되면 여기'라는 식으로 삶의 방식을 바꾸는 데 능한 수완가다.

만약 여자가 반기를 들 만한 사태가 벌어지면 남자의 자존심은 문제 해결에 방해가 될 뿐 아무런 도움이 되지 않는다.

이직할 때도 마찬가지다. 과거의 직업이나 직종에 연연하면 여간해서 새로운 직장을 찾기 힘들다. 전혀 해본 적 없는 일이라도 도전해볼 용기와 융통성이 있으면 살아남을 수 있다. 일단 해보면 지금까지 깨닫지 못했던 새로운 재능을 발견할 수도 있을 것이다.

그러므로 남자도 과거의 영광에 사로잡혀 있지 말고 환경의 변화에 유연하게 대응할 수 있는 삶의 자세를 익혀두어야 한다.

신생 뉴런을 키워라

그러면 어떻게 해야 환경 변화에 비교적 유연하게 대처할 수 있을까?

뇌에 신생 뉴런을 많이 생성하면 된다.

신생 뉴런은 말 그대로 뇌 안에 새롭게 생긴 뉴런, 즉 뇌에 있는 해마에서 새로 생성된 뇌의 신경세포를 말한다. 뉴런은 뇌의 유연성을 높여주는 것으로 알려져 있다. 최근 연구에서 뉴런의 증가가 새로운 환경에 대한 적응력을 길러줄 수 있는 중요한 열쇠로 주목받고 있다.

참고로 신생 뉴런은 새로운 것을 배우거나 한 가지 일에 몰두할 때 더 잘 생성된다. 새로 공부를 시작하거나 이전에 해본 적 없는 취미나 운동을 열심히 하면 뇌가 유연해진다고 한다. 다시 말해 나이가 몇이든 배우는 것이 중요하다. 환경의 변화에 강한 뇌를 만들기 위해서는 중년이나 노년이 되어서도 아이처럼 호기심을 잃지 않고 새로운 지식과 기술을 배우려는 도전하는 자세가 필요하다.

다행스럽게도 남자의 뇌는 무슨 일이든 몰두하면 끝까지 파고드는 성향이 강해서 이런 도전에 잘 맞는다. 그러므로 당신도 새로운 것을 배워보는 것이 어떨까? 요즘은 다행히도 취미로 삼을 만한 다양한 전시회가 도처에서 열린다. 한번 가보면 어린 시절로 돌아간 듯한 기분을 느낄 수 있을 것이다.

평소에 의식적으로 뇌에 새로운 바람을 불어넣어주면 틀림없이 신생 뉴런이 당신의 뇌를 유연하게 만들어줄 것이다. 그러면 인생의 큰 사고나 혹은 자존심에 상처를 입어도 굳건히 회복할 수 있는 강인한 뇌로 단련된다.

장차 다가올 시대에 남자와 여자가 함께 굵고 길게 살기 위해서는 이런 유연함을 갖춰야 한다.

아내의 입장에서도 정년퇴직한 뒤에 따라다니며 귀찮게 하는 남편보다 아이처럼 눈을 반짝이며 열심히 취미활동에 몰두하고 새로운 것을 배우기 위해 노력하는 남편이 훨씬 좋다.

마이너스 100점!
여자의 독설

남자는 자고로 말 대신 행동? NO!

과거엔 남자들이 그다지 말을 많이 하지 않았다. 아니 그럴 필요가 없었다.

남자들은 여자가 조용히 곁을 지키며 따로 말하지 않아도 모두 이해해주는 존재이기를 바랐다. 실제로 오래 회로한 노부부는 숨소리만으로도 상대가 무엇을 원하는지 알 정도다. 물론 아내는 경제적 기반을 남편에게 의존하고 있는 탓에 하고 싶은 말이 있어도 꾹 참고 의중을 살펴야 했을 것이다.

그렇기에 남자는 말을 많이 하지 않고도 얼마든지 자존심을 지킬 수 있었다.

옛날에는 그래도 문제가 되지 않았다.

남자의 자존심이 강한 것은 호르몬과도 관계가 있다. 남성 호르몬인 테스토스테론은 생존 경쟁에서 살아남아 더 큰 자부심을 갖고 살라며 부추긴다. 자부심을 보여주고 체면을 유지하기 위해서는 굳이 말이 필요 없다. 사냥에서 잡은 고기를, 회사에서 번 생활비를 집에 가지고 돌아가면 그것으로 충분하다. 따로 설명하지 않아도 행동으로 자신의 존재 가치를 보여주면 되었다.

하지만 지금은 다르다.

여자 혼자 집안 살림을 책임지고, 남자는 그저 먹이나 생활비를 가져다주면 그만인 시대가 아니다. 여자는 대등한 입장에서 대화하기를 바라며, 남자는 행동만이 아니라 말로도 체면을 세워야 할 필요가 생겼다. "말하지 않아도 당연히 이해해줄 거라 생각했어." 이런 말은 더 이상 통용되지 않는다.

오늘날의 여자는 무슨 일이든 말로 하지 않으면 납득하지 못하고, 말에 약한 남자는 유독 말에 강한 여자와 대등하게 언쟁을 벌여야 하는 입장이 되었다.

당연히 말로는 여자를 이길 수 없다. 남자는 여자와 얼굴을 맞대고 대화를 나누는 사이 왠지 점점 위축된다. 말도 행동도 남자의 체면을 유지하는 데 알맞은 방법이 아니다. 그러면 도대체 어떻게 자존심을 지키고, 어떻게 존재 가치를 증명할 수 있을까? 남자들은 그

방법을 잘 모르는 것 같다.

이를 따지기 전에 먼저 이렇게 된 이유는 무엇일까?

여성의 사회적 지위가 향상되고 가정과 직장에서 남성과 대등하게 대화를 나눌 수 있게 된 것은 매우 기쁜 일이다. 다만 나는 개인적으로 남자들이 여자와 말을 할 때 위축되는 데는 여자들의 말하는 방식에도 한 원인이 있지 않나 생각한다.

남자와 여자는 의사소통에서 추구하는 바가 전혀 다르다.

여자에게 말은 타인과 공감을 나누는 수단이지만, 남자에게 말은 상대를 설득하고 수긍하게 만들어서 자존심을 지키기 위한 도구다. 그런데 문제는 때로 여자의 말이 비수처럼 날아들어 남자의 약점을 건드리는 상황이 적잖이 벌어진다는 것이다.

여자는 말의 무서움을 깨닫지 못한다. 자신의 말이 남자의 자존심에 상처를 준다는 것을 전혀 의식하지 못한다.

약점을 지적받는 것을 극도로 싫어하는 남자

말이란 감정과 생각을 다른 사람에게 전달하기 위한 도구다.

남자와 여자는 이 도구를 사용하는 방식이 다르다.

앞에서 여자는 '열린 뇌'이고, 남자는 '닫힌 뇌'라고 언급하였다. 여자는 말이라는 도구를 뇌를 열고 개방적으로 자신을 보여주는 데 사용한다. 한편 남자는 뇌를 닫고 폐쇄적으로 자신을 지키는 데 사용한다. 이렇게 남자와 여자는 말하는 방식이 다르다.

이는 아마도 약점을 드러내는 것에 대한 저항감의 차이 때문일 것이다.

여자는 약점을 상대에게 드러내는 것을 꺼리지 않는다. 앞 장에서 진찰실에서 여성 환자들은 자신의 괴로운 처지나 상처를 적극적으로 털어놓는다고 말했다. 전통적으로 여자에게 약점을 드러내는 행동은 상대의 공감을 이끌어내기 위한 수단이었다. 또한 상대의 마음을 사로잡기 위해 없어서는 안 되는 무기이기도 하다. 약점을 상대에게 노출함으로써 도움을 받을 수 있기 때문이다. 그래서 여자는 말로 자신의 약점이나 연약함을 드러내는 데 주저함이 없다.

하지만 남자는 다르다.

남자는 상담을 받으면서도 자신의 이야기를 쉽게 털어놓지 못한다. 자신의 약한 부분이 언급되거나 단점을 지적받는 것에 대해 강한 불쾌감을 드러낸다. 그것은 공포에 가까운 감정이라 해도 좋을 것이다. 남성 호르몬인 테스토스테론의 영향으로 인해 매사에 높은 긍지를 가지고 있어야 하는데 약점이 노출되면 치명적인 상황에 직면한다. 약하다는 꼬리표가 붙으면 지금까지 쌓아온 지위를 위협받거나, 앞으로 살기가 힘들어질 수도 있다. 그 때문에 남자는 상대에게 약점을 들키면 끝이라고 생각하여 최대한 감추려고 애쓴다. 그래서 말할 때 타인이 약점을 눈치채지 못하도록 신중하게 방어 자세를 취한다.

즉 여자는 대화를 나눌 때 개방적으로 자신의 약점을 드러내는 것에 저항감을 느끼지 않지만, 남자는 약점을 감추기 위해 노력한다.

무심코 남자의 자존심에 상처를 주는 여자

남자에게는 다른 사람에게 절대 들키고 싶지 않은 나약한 면이 있다. 만약 그 부분이 공공연하게 알려지면 체면이 말이 아니게 된다. 아마도 사람들 앞에서 발가벗겨진 듯한 수치심을 느낄 것이다.

그래서 남자들은 이를 철저히 감춘다. 다른 사람의 손이 닿지 않도록 하는 것은 물론 자신도 무시할 수 있다면 건드리지 않고 덮어두고 싶어한다. 생각하는 것도 싫고, 입으로 말하는 것도 싫고, 글로 쓰는 것은 더욱 싫다. 잘 봉해서 깊은 곳에 숨겨두고는 가능하면 외면하려 한다. 그리고 겉으로는 자신감 있게 행동하여 약하고 여린 면이 전혀 없는 사람처럼 보이려 한다.

무의식중에 나타나는 이 같은 조심성은 당연히 말하기에서도 드러난다. '이런 말을 하면 이상한 사람으로 보지 않을까?' 또는 '이런 말 하면 쩨쩨한 남자로 취급당할지 몰라', '미덥지 않다고 생각하면 어쩌지?' 하는 걱정을 은연중에 많이 한다. 특히 자신의 속마음을 다른 사람에게 털어놓을 때는 강한 경계심을 보인다.

예를 들어 좋아하는 여성에게 마음을 고백하거나 회사에서 업무 상 실수한 괴로움을 아내에게 털어놓을 때와 같이 무언가 중요한 감 정을 여자에게 털어놓을 때 남자는 큰 결단력이 필요하다. 그것은 '감추고 싶은 나약함'을 스스로 드러내는 것이므로, 분명히 있는 용 기 없는 용기를 다 끌어모았다 해도 과언이 아니다.

그러나 의외로 여자는 남자가 자신의 마음을 전하는 데 얼마나 많은 에너지를 쏟아 붓는지 모른다. 남자는 비장한 각오 끝에 어렵 게 말을 꺼냈는데 여자는 대수롭지 않게 받아들인다. '그게 뭐 어쨌 다는 거지?' 하는 시큰둥한 얼굴로 쳐다보거나 "그런 거 신경 쓰지 말아요" 하고 가볍게 넘겨버린다. 남자는 낭패감을 느끼며 잠깐이지 만 약점을 드러낸 것을 후회한다.

그리고 이런 쓸쓸한 경험을 몇 번 되풀이하다 보면 '여자에게 속 마음을 털어놓아봤자 소용없다'는 생각에 말을 아끼거나 대화 자체 를 꺼리게 된다.

'여자하고 말을 하다 보면 상처를 받는다'는 선입견을 가진 남자 들도 있다. 남에게 함부로 보여줄 수 없는 영역, 즉 자신이 필사적으 로 지키고 있는 순수한 영역에 여자가 아무 생각 없이 흙 묻은 발로 들어오는 것을 견디지 못하는 것이다.

여자 입장에서는 지극히 평범한 대답을 했을 것이다.

하지만 애초에 남자와 여자는 의사소통 방식이 다르다. 여자는 일상적인 대화라고 생각했는데 사실 남자는 심사숙고해서 힘들게 말하는 경우가 많다. 그 마음을 이해하지 못하고 '상대도 나와 마찬가지로 편하게 대화를 하고 있다'는 전제하에 말을 하다 보면, 의도하지 않게 남자를 궁지로 몰아넣는 상황이 벌어진다.

답답한 속마음을 잘 표현하지 못하는 남자

이 책의 첫 부분에서 남자와 여자는 감정을 처리하는 뇌 부위가 다르다고 했던 말을 상기하기 바란다. 남자는 편도체에서 스트레스를 인식하는 반면, 여자는 나이 듦에 따라 스트레스를 인식하는 부위가 편도체에서 대뇌피질로 바뀐다고 하였다.

이 실험 결과에 의하면 남자가 자신의 감정을 말로 잘 표현하지 못하는 것도 설명이 된다.

여자는 대뇌피질에서 스트레스를 인식하기 때문에 그 느낌을 말로 쉽게 표현할 수 있다. 덕분에 스트레스 해소도 쉽다.

그에 비해 편도체에서 스트레스를 인식하는 남자는 '왠지 싫다'라는 불쾌감을 본능적으로 느끼며, 이를 말로 표현하기가 어렵다. 남자는 '왠지 싫다'는 감정에 대해 내심 표현해보거나 돌이켜 생각하지 않고 그냥 쉽게 넘어가려 한다. 그리고 이때의 뭐라 표현하기 힘든 감정을 밖으로 표출하지 않고 안에 담아둔다.

일반적으로 남자의 뇌는 감정을 언어로 표현하는 데 서투르며, 그 탓에 스트레스를 잘 깨닫지 못한다.

그러나 알아차리지 못한다고 문제를 그대로 방치하면 나중에 엄청난 일이 벌어질 수 있다. 대부분의 남자들은 스트레스가 몸과 마음을 좀먹고 있다는 사실을 인정하지 않는다. 다른 사람에게 도움을 청하거나 속내를 털어놓는 것은 남자의 자존심이 허락하지 않으며, 혹여 문제가 생겨도 어떻게 설명해야 좋을지 잘 모른다. 그래서 스트레스가 쌓이는 것을 계속 무시하다가 더는 손쓸 수 없는 지경에 이르기도 한다. 남자가 스트레스로 인한 과로사나 돌연사가 많은 것은 이 때문이다.

더욱이 최근에는 자살하는 사람이 계속 늘고 있는데 남성의 비율이 압도적으로 높다. 자살자 전체 수가 1997년부터 2006년까지 10년 동안 2만 4391명에서 3만 2155명으로 약 8000명이 늘었는데, 그 증가분의 약 50퍼센트는 50세 이상의 남성이었다(경찰청, 〈1998년 경찰 보고서〉, 〈2006년도 자살 개념 자료〉).

여자와 달리 스트레스를 대화로 푸는 것에 익숙하지 않다 보니 분출되지 못한 감정이 지속적으로 쌓여, 자신도 모르는 사이에 최악의 사태까지 이르는 것이다.

또는 말로 표현하지 못한 막연하고 답답한 감정이 쌓이다가 분노나 폭력으로 변질되기도 한다. 청소년들이 감정 조절을 못하고 쉽게 폭발하는 것이나 은둔형 외톨이 청년의 가정 폭력, 남편의 가정 폭력이 최근 수십 년 사이에 증가한 것도 근본적으로는 남자의 뇌가 답답한 감정을 언어화하는 데 서툰 것과 관계가 깊다.

독설에도 가이드라인이 필요하다

남자가 과묵하기만 해서는 살아가기가 점점 더 어려워질 것이다.

가만히 있으면 여자가 순종적으로 알아서 이해해주던 시절은 지났다. 그러므로 남자는 한층 노력하여 미숙한 의사소통의 문제점을 깨닫고, 이를 극복할 수 있는 기술을 향상시켜야 한다. 이는 자기표현의 무기가 될 수 있으며, 의지만 있다면 설령 언어화에 서툰 뇌라 해도 문제가 되지 않는다. 약점이나 여린 부분을 드러내지 않고도 얼마든지 당당히 의견을 나눌 수 있다.

이를 위해 평소에 감정을 말로 표현하는 연습을 해두자. 대화 상대를 찾거나 일기를 쓰면서 감정을 언어로 표현하다 보면, 명확하지 않아 답답했던 감정의 이면에 숨어 있는 여러 가지 요소들이 보일 것이다. 스트레스 관리를 위해서도 이 같은 습관을 몸에 익히는 것이 바람직하다.

한편 여자는 남자의 자존심에 상처를 주지 말고 더 잘 이해해줄 필요가 있다.

남자에게는 감추고 싶고, 건드리지 말았으면 하는 부분이 있다.

이를 무시하고 기관총을 난사하듯 거칠게 공격하는 것은 남자를 궁지로 몰아넣는 행동이며, 이때 위기감을 느낀 남자의 뇌는 공격을 방어하기 위해 닫혀버린다. 여자는 상대의 기분을 파악하는 능력이 뛰어난 만큼 그 임계점을 잘 파악해야 한다.

남자의 자존심에 상처를 주는 것은 마치 남자가 여자를 성희롱하는 것과 같다고 생각하면 된다. 여자가 성적인 발언에 민감해지고 반발하는 것과 마찬가지로 남자는 자존심을 건드리는 발언에 민감하다.

남자가 여자 앞에서 말하면 안 되는 여러 가지 금기 사항을 숙지하고 있듯이 여자 역시 남자에게 언급하면 안 되는 금기 사항에 대해 곰곰히 생각해보도록 하자. 혹시 평소에 아무 생각 없이 남자의 영역을 침범하고 있지는 않을까?

남자의 자존심과 여자의 자존심

이 세상에는 남자와 여자, 2개의 성이 존재한다.

남자는 테스토스테론의 영향을 받아 자존심을 내세우고 이를 충족시키려 한다. 여자는 에스트로겐의 영향을 받아 아름답게 오래 사는 것으로 자존심을 충족시킨다. 나는 개인적으로 남자와 여자가 원만하게 교제를 하고, 행복한 결혼생활을 하는지의 여부는 결국 이 자존심을 지킬 수 있는지의 여부에 달려 있다고 본다.

상대의 존재와 역할을 존중하고 자존심을 충족시킬 수 있다면 그 커플은 오래도록 좋은 관계를 유지한다.

그러나 테스토스테론의 영향을 받는 자존심과 에스트로겐의 영향을 받는 자존심은 때때로 충돌한다. 무엇을 중요시하고, 무엇을 원하고, 어떻게 살아갈 것인가를 둘러싸고 점차 갈등이 빚어진다. 자존심이 충족되지 않아 상대에게 불만을 품은 상태에서 자신의 욕구만 주장하면 당연히 갈등의 골이 깊어질 수밖에 없다. 불화가 계속되다가 어느 한쪽이 더는 자존심을 유지하기 힘들다고 느끼는 순간 이별이라는 말이 튀어나온다.

헤어질 것인가 말 것인가의 여부 역시 남자와 여자가 자존심을 얼마나 지킬 수 있느냐에 달려 있다고 하겠다.

남자와 여자의
행복의 기준

스트레스를 받을 때 남녀가 원하는 바는 모두 같다

시장조사 기관인 덴츠소비자연구센터가 20~69세의 남녀 1000명을
대상으로 스트레스에 관한 설문 조사를 실시했다. 그중에 주목할 만
한 결과가 있다.

먼저 스트레스의 원인이다.

여성　20대 ……… 업무상 인간관계, 미래에 대한 불안

30대 ……… 금전적인 문제, 자녀

40~60대 ……… 배우자

남성   20대 ········ 업무 중압감, 인간관계, 미래에 대한 불안

         30~50대 ········ 업무 중압감, 인간관계

         60대 ········ 배우자

다음은 스트레스를 해소하기 위해 하고 싶은(또는 해주었으면 하는) 것에 대한 내용이다.

여성   20대 ········ 소통하고 싶다, 유대관계를 잘 맺고 싶다, 사랑 받고 싶다

         30대 ········ 쉬고 싶다, 놀고 싶다, 발산하고 싶다

         40대 ········ 일정한 경향이 없음

         50~60대 ········ 자연과 더불어 살고 싶다

남성   20대 ········ 소통하고 싶다, 유대관계를 잘 맺고 싶다, 사랑 받고 싶다

         30~40대 ········ 쉬고 싶다, 놀고 싶다, 발산하고 싶다

         50~60대 ········ 몸을 움직여 활동하고 싶다, 자연과 더불 어 살고 싶다

스트레스의 원인은 남녀 모두 공감이 간다. 60대의 스트레스 원인이 남녀 모두 '배우자'라는 사실이 흥미롭다. 남자와 여자가 오랜 세월 같이 살다 보면 점차 상대가 지겨워지기도 한다. 이 연령대의

남녀가 '자연과 더불어 살고 싶다'고 응답한 것도 수긍이 간다. 다만 여자들은 자연과 더불어 살기 위해 시골로 내려가고 싶어했지만 다시 돌아오고 싶어하는 경향도 있다. 이에 대해서는 앞에서 언급한 바 있다.

스트레스를 받았을 때 바라는 것을 살펴보면 20대 여성은 '소통하고 싶다', '유대관계를 잘 맺고 싶다', '사랑받고 싶다'라고 했는데 모두 예상할 수 있는 대답이다.

그런데 20대 남성의 대답 역시 '소통하고 싶다', '유대관계를 잘 맺고 싶다', '사랑받고 싶다'인 것을 보고 잠시 어리둥절했다.

여성의 응답과 똑같다니 어떻게 이런 일이 있을 수 있지? 하지만 곧 고개가 끄덕여졌다. 경쟁을 좋아하는 남성이라 해도 고립무원의 싸움은 누구도 원하지 않는다. 남자 역시 함께 싸워나갈 연대감을 원하는 것이다.

고교 야구시합에 참가한 남학생들의 인터뷰에서도 비슷한 이야기가 나온다. 시합에서의 승부보다 "동기들과 가능한 한 오랫동안 야구를 즐기고 싶다"라든지 "이제 모두와 야구를 할 수 없다는 것이 너무 슬프다"는 내용이 많이 나온다.

그리고 기숙사를 떠나는 3학년을 배웅하며 2학년들은 눈물을 흘린다.

자신을 이해해주는 상대가 필요하다

2001년과 2005년에 세계육상 400미터 허들에서 동메달을 딴 다메스에 다이는 위대한 선수다. 일본에서 육상 경기는 비인기 종목이라 후원자를 찾기 어렵다. 때문에 선수 생활을 계속하기 위해 해외 시합에 나가 상금을 받거나 증권거래로 자금을 만들어 재정적인 부분을 충당해야 했다. 코치도 없이 혼자 훈련 계획을 세우고 스스로 컨디션을 조절하면서 '나 홀로 관리'를 하는 자급자족 생활을 했다. 다메스에 다이 선수는 2007년 오사카에서 열린 세계육상대회에서 예선 탈락을 했다. 그때 한 인터뷰 내용이 무척 가슴이 아팠다.

"현재 상태로는 결승에 나갈 수 없다는 걸 아는데, 그래도 계속 '메달을 딴다. 결승에 나간다'라고 되뇌는 것이 괴로웠다."

"나는 코치가 없다. 내 마음을 털어놓을 수 있는 상대가 필요했다."

육상 경기는 고독하다. 자학 행위라 여겨질 정도로 혹독한 연습을 홀로 감당해야 하고, 괴로움을 함께 나눌 친구도 없다. 주위에 있는 사람은 모두 경쟁자다. 아무리 천재 선수라 해도, 또 아무리 '남자는 한 마리 늑대'라고 해도 인간은 자신을 이해해주고 공감해줄 누군가가 필요하다. 이는 남녀 모두 마찬가지다.

훌륭한 선수 곁에는 반드시 뛰어난 지도자가 있게 마련이다. 스포츠 지도자는 기술을 가르칠 뿐만 아니라 선수의 정신적인 지주이기도 하다.

스트레스에 취약한 남자, 그 사실을 모르는 남자!

'한 마리 늑대'라고 하니 떠오르는 것이 있다. 영화와 텔레비전 드라
마로도 제작되었던 〈아들을 동반한 검객(子連れ狼)〉(1970년대 일본의
시대극 만화. 원작이 큰 인기를 끌면서 영화와 드라마로도 제작되었다. 누명
을 쓴 검객 오가미 잇토가 어린 아들을 데리고 복수하기 위해 다니면서 겪는
이야기다 — 옮긴이)에서 주인공 오가미 잇토는 왜 아들 다이고로를
데리고 다니는 것일까? 꼭 그래야만 했던 이유는 무엇일까? 누가 봐
도 어린아이는 자객의 임무에 방해가 되며, 다이고로의 커다란 유모
차 역시 쉽게 눈에 띈다. 여행길이 고되다 보니 어린 다이고로는 영
양실조로 병에 걸리기도 하고 두 사람이 헤어지기도 한다. 하지만
오가미 잇토는 어떤 시련에도 언제나 아들을 떼어놓으려 하지 않는
다. 여자라면 아마도 이런 위험한 여행에 아이를 동반하지 않을 것
이다.

물론 아내인 아자미를 비롯해 일가가 모두 야규 일족에게 살해당
했기 때문에 아이를 맡길 곳이 없었고, 다른 집에 수양아들로 보내
도 적에게 발각되어 죽임을 당할 위험이 있었을 것이다. 또는 아이
와 함께 다니면 의심을 덜 받는다든가, 다이고로를 후계자로 키우기
위해서라든가 아이를 데리고 다니는 이유는 여러 가지가 있을 것이
다. 하지만 나는 오가미 잇토와 다이고로의 정신적 유대관계에 주목
해야 한다고 생각한다.

기나긴 복수 여행은 고독하다. 남자도 외로울 때가 있으며, 자신의 목적의 정당성에 의문이 들거나, 복수에 대한 의지가 흔들릴 때도 있을 것이다. 그런 아버지의 마음을 전적으로 이해하고 공감하며 끊임없이 사랑을 주는 존재가 다이고로다. 다이고로는 거의 말을 하지 않는다. 기껏 할 수 있는 말이라곤 '아빠'뿐이다. 아이는 모든 것을 알고 있기 때문에 말할 필요가 없다. 바꿔 말하면 오가미 잇토는 이런 삶의 방식을 선택할 수밖에 없는 괴로움도 슬픔도 삶도 모두 다이고로가 이해해주기 때문에 여행을 계속할 수 있었던 것이다.

그래서 다이고로는 몇 년이 흘러도 나이를 먹지 않는다. 아이가 성장하면 자아가 생길 것이고 아버지에게 말대답을 할 것이며 사춘기가 되면 반항할 것이다. 그렇게 되면 오가미는 복수 여행을 계속할 수 없게 된다. 그러므로 다이고로는 늘 세 살이다. 아버지가 죽은 뒤에야 비로소 다이고로는 다섯 살이 된다. 다이고로는 당연히 일말의 주저도 없이 아버지가 이루지 못한 뜻을 따른다.

그리고 오가미는 결코 여자를 안지 않는다. 아이가 늘 곁에 있다는 이유도 있겠지만, 기본적으로 다이고로에게 치유받기 때문이다. 오가미가 죽은 아내에게 끝까지 정조를 지키며 금욕적인 생활을 할 수 있었던 것은 아들 다이고로 덕분이다.

남자는 일반적으로 여자로부터 인정받고 공감받길 바란다. 아무 말을 하지 않아도 자신이 하는 일의 의미를 이해해주기를 바란다. 나이를 먹으면 때로 이런 바람이 의존으로 바뀌기도 한다. 아내가 며칠 친정에 갔을 뿐인데 밤에 잠들지 못하는 중년 또는 노년의 남자도 있다.

다시 말하지만 '소통하고 싶다', '유대관계를 맺고 싶다', '사랑받고 싶다'는 마음은 남자나 여자나 똑같다. 단지 남자가 그 마음을 말로 표현하지 않기 때문에 여자가 모를 뿐이다.

남자는 스트레스에 약한데도 이를 깨닫지 못한다. 실제로 여성보다 통증에 둔감하다. 게다가 감정을 겉으로 드러내지 않기 때문에 타인에게 잘 들키지 않으며, 제동이 걸리지도 않는다.

스트레스를 받으면 남자의 뇌는 닫힌다. 하지만 완전히 닫히는 것이 아니라, 이해와 공감을 원한다는 신호를 발신할 정도의 작은 틈만 열어놓고 있다. 여자는 그 작은 틈을 그냥 지나쳐서는 안 되며, 남자가 보내는 신호를 놓치지 말고 잘 감지해야 한다.

한편 남자는 자신의 약한 부분을 꼭 숨길 필요가 없다. 오히려 힘들다고 말하고 나면 훨씬 마음이 편해진다. 안에 쌓아둔 감정들을 털어버리면 거기서부터 다시 새롭게 시작할 수 있다. 나약함을 털어놓은 뒤 오히려 강인해지는 여자들을 보면 알 수 있다. 여자는 남자의 뇌가 완전히 닫히게 해서는 안 된다. 자신이 버팀목이 되어서 틈새가 조금씩 열리기를 기다려야 한다.

앞에서 닫히려는 남자 뇌를 억지로 열려고 하면 오히려 저항에 부딪힐 수 있다는 말을 했다. 어디까지 닫히면 위험한지, 그 임계점을 알려주는 것이 현명한 여자의 역할이다. 여자는 많은 정보가 축적되어 있는 뇌로 남자의 머릿속을 잘 살펴보기 바란다. 그렇게 남자를 지켜주는 것이 여자로서의 성장으로도 이어진다.

그러면 남자의 성장은 어디에 있는 것일까? 나는 그 답을 드라마 〈겨울연가〉에서 발견했다.

민형(배용준)이 유진(최지우)에게 물었다.

"왜 내가 좋아졌어?"

유진이 대답했다.

"당신은 그때 내가 가장 바라던 것을 주었어."

여자는 남자에게 이런 다정함을 원한다.

그리고 유진이 망설일 때 민형은 이렇게 말한다.

"살다 보면 항상 갈림길에 서 있는 순간들이 오는 것 같아요. 이 길로 가야 하나, 저 길로 가야 하나…… 결정을 해야 하죠. 결정하기 힘들면 잡아주는 쪽으로 가는 것도 나쁘지 않아요. 지금처럼요."

그러면서 박력 있게 유진의 손을 잡고 끌어당긴다.

언뜻 보기에 부드러움과 강인함은 상반된 것처럼 보이나, 그것은 결단력이며, 위기 대응 능력이다. 남자는 단기간의 스트레스에는 굉장히 강하다. 〈전차남〉에서 아키바계 오타쿠인 야마다가 여주인공 사오리와 사귈 수 있었던 것도 그녀를 위기 상황에서 구해준 용기와 그녀에 대한 따뜻한 애정이 있었기 때문이다.

솔직히 여자는 남자에게 바라는 것이 많다. 실제로 남자를 만나게 되면 거의 망상의 수준에 가까워진다(이는 남자도 마찬가지일 것이다).

여자의 열린 뇌에서 방출되는 기대와 희망에 부응하기 위해 노력하는 것이 남자의 성장을 의미한다.

상대의 성을 존중할 것

앞에서 남자는 도와주는 성(性)이고, 여자는 도움을 받는 성(性)이라고 한 말을 떠올려보기 바란다.

　어느 시대나 남자는 시련에 맞서 싸우는 영웅 역할을 하고 싶어하고, 여자는 왕자님에게 구출되는 공주가 되고 싶어한다. 남자와 여자 사이에 '도와준다', '도움을 받는다'라는 상호관계가 성립되면 그 커플은 오랫동안 행복하게 지낼 수 있다. 다시 말해 '여자를 도와준다'는 의식은 남자에게 높은 긍지를 주고, '남자에게 도움을 받고 있다'는 의식은 여자를 아름답게 빛낸다. 결국 남자는 테스토스테론의 영향을 받아 한층 남자다워지고, 여자는 에스트로겐의 영향으로 한층 여성스러워진다. 그리고 이런 남녀관계의 성립은 여자는 '남자를 돕고', 남자는 '여자에게 도움을 받는다'는 상호성을 전제로 한다.

　남자와 여자가 서로의 역할을 존중하면 자존심에 상처 주지 않고 원만하게 살아갈 수 있다. 즉 상대방의 '성(性)'과 그 역할을 인정하고 존중해야만 비로소 남자와 여자는 서로를 이해할 수 있게 된다. 그리고 서로 도움을 주고받으며 살고 있다는 사실과 상대에게 감사하는 마음을 잊어서는 안 된다.

존중하고, 인정하며, 감사하는 마음을 가지려는 노력을 게을리하지 않으면 '성격' 차이로 이별하는 커플이 상당수 줄어들 것이다. 또 이기적으로 자기 욕구만 주장하고 불만을 쌓아놓는 일도 줄어들 것이다.

어느 한쪽이 다른 한쪽을 지배하는 관계가 되어서는 안 된다. 두 사람이 서로 도우면서 살아가야 한다.

나는 그렇게 되기를 바란다.

오늘날에는 남자와 여자가 만사를 자신에게 유리한 쪽으로만 몰아가려 해서 갈등의 골이 점점 더 깊어지는 것 같다. 그럴수록 남자와 여자는 서로에게 주어진 성(性) 본연의 모습과 역할을 되돌아볼 필요가 있다.

세상의 반은 남자, 반은 여자다.

여자에게서 반짝이는 빛이 사그라지는 것은 남자의 책임이다.

남자가 풀 죽어서 의기소침한 것은 여자의 책임이다.

그러나 상대 탓만 해서는 안 된다. 자신이 해야 할 일을 점검하고 논의해야 한다. 분명히 당신 곁에도 소중한 사람이 있을 것이다. 이 책을 읽은 뒤에 다시 그 사람을 만나 관심을 가지고 대화를 나눠보기 바란다.

틀림없이 이제껏 깨닫지 못했던 부분들이 보일 것이며, 지금까지와는 전혀 다른 관계를 맺을 수 있을 것이다.

"나는 우아한 진료를 할 수 없는 걸까?"

어느 날 같은 의사인 내 파트너에게 물었다.

'우아한 시합을 하고 싶다'고 했던 축구 국가대표팀 이비차 오심 감독의 말을 흉내 내본 것이다.

"우아한 진료 같은 건 없어!"

그는 가볍게 일축했다.

그건 맞는 말이다. 질병과 상처는 시간과 장소를 가리지 않고 발생하며, 의료 행위가 사람의 점막을 관찰하고 배설물을 다루는 일인 이상 우아함은 존재하기 힘들다. 어떤 의미에서 의료 행위는 힘을 많이 쓰는 중노동이다.

남녀 관계도 마찬가지다. 전혀 다른 생물인 남자와 여자가 서로 판이한 정서와 생각을 가지고 행동하기 때문에 우아한 대응 같은 건 생각할 수 없다.

그러면 능숙하고 세련된 의료 행위는 가능할까? 이것 역시 매우 어렵다. 환자 개개인의 차이가 크고 의학 서적에 적혀 있지 않은 일이 발생하는 경우가 다반사다 보니, 난처한 기색을 보이지 않고 자신과 환자가 모두 납득할 만한 대응을 하려면 몇 십 년이 걸린다. 그래서 의사는 평생 공부해야 한다.

남자와 여자의 관계도 마찬가지다. 개인차가 크고, 모르는 것투성이다. 그렇다고 해서 손 놓고 그대로 있는 것은 옳지 않다.

남자와 여자가 상대를 가능한 한 우아하게, 능숙하고 세련되게 대할 수 있으면 평화로운 관계를 유지할 수 있을 것이고 인생은 즐거워질 것이다.

그러기 위해서는 역시 공부를 해야 한다. 모르던 것을 알게 되는 것만큼 큰 기쁨도 없으니 남자에 대해서, 여자에 대해서 평생 공부하도록 하자.

끝으로 이 책을 쓰는 데 도움을 주신 분들에게 감사드린다. 전작에 이어 이 책을 기획해준 가도카와쇼텐의 구리하라 유 씨의 능숙한 진행 덕분에 집필을 시작할 수 있었고, 후지타 유키코 씨와 나가이 편집장이 마지막까지 큰 힘이 되어주어서 무사히 집필을 마칠 수

．．．

있었다. 그리고 이번에도 친절한 다카하시 아키라 씨가 자료 수집을 도와주었다. 다시 한 번 진심으로 감사드린다.

히메노 토모미